# 말을 바꾸니 인생이 달라졌다

인생을 바꾸는 말의 알고리즘

지금도 열심히 사는 당신에게

# 말을 바꾸니
# 인생이 달라졌다

## 인생을 바꾸는 말의 알고리즘

손정미 지음

창작시대사

## 당신의 말이 곧 당신의 인생이다

말은 누구나 공평하게 사용할 수 있고 말하는 대로 삶이 이루어진다. 나 역시 말의 혜택을 누리며 삶이 바뀌었다. 스피치 강의 중에 내가 수많은 성인과 청년, 청소년들에게 전했던 말이 있다.

"결핍을 떨쳐 버려라."

"잘못된 관계가 당신을 지배하지 않도록 해라."

"연습하라."

"늦지 않았다."

"지금 하면 된다."

"배에 힘을 주고 말하라."

"말로 자신을 브랜딩하라."

"말의 주인이 돼라."

이런 말은 고스란히 내게 다시 돌아와서 나를 '말의 사명자'로 살게 했다.

어느 날 나는 새로 산 옷을 가족들에게 자랑했다.

"이 옷 샀는데 어때?"

"그냥 그래."

"글쎄…"

그 말을 듣고 나는 옷을 거울에 비춰보았다. 이상하게도 옷이 예뻐 보이지 않았다. 한 시간 전까지만 해도 옷이 마음에 들어서 옷 가게 직원에게 "주세요."라고 자신 있게 말하지 않았던가.

당신은 어떤가? 사람들은 자신이 결정한 선택임에도 불구하고 타인의 말에 끌려다니는 경우가 의외로 많다.

학창 시절, 시험에 자주 출제되던 시인 김춘수의 〈꽃〉 중에서 "내가 그의 이름을 불러 주었을 때 그는 나에게로 와서 꽃이 되었다."라는 유명한 구절이 있다. 이름을 불러 주었을 때 그는 나에게로 와서 꽃이라는 의미로 존재하듯이, 말은 사람의 입에서 나와 관계를 만들고, 말하는 사람이 원하는 모습 그대로를 만든다.

이 책은 '지금도 열심히 살고 있지만, 인생이 제대로 풀리지 않아 고민인 사람'에게 권한다.

말에 자신이 없고 대인관계가 어려운 사람, 다른 사람을 설득하기 위한 언어와 비언어의 전략을 알고 싶은 사람, 자신을 브랜딩하려는 사람, 새로운 인생을 준비하는 사람들에게 인생이 바뀌는 '말의 기술'을 알려주고자 한다.

영국 언어 철학자 비크겐슈타인은 "나의 언어의 한계는 나의 세계의 한계를 의미한다."라고 했다.

당신의 말을 펼치고 당신의 인생을 새롭게 하라. 지금보다 더 나은 삶을 살고 싶은 당신이 놓쳐서는 안 되는 것은 무엇인가?

이 책에서 당신에게 오고 있는 기회와 행운, 지혜를 찾아보라.

왜 당신이 아직도 꿈만 꾸는 인생인지 아는가? 당신을 끌어주는 말의 힘이 없어서이다. 상처 난 관계를 회복하는 방법과 세상을 향해 당신의 감정을 말로 표현하는 것이 서툴기 때문이다.

시도 때도 없이 평가받는 세상에서 단단한 말은 성공한다. 마음을 다스리고 말을 제대로 준비하여 가치 있는 당신만의 브랜드 인생을 만들어 보자. 당신만의 특별함으로 자신감을 갖춰라. 그리고 세상에 자신 있게 말하고 알려라.

책의 장이 끝날 때마다 말의 핵심 비법을 담았으니 소리 내어 말해 보기를 바란다. 이 책의 말하기 연습으로 이번 기회에 역전하는 인생, 살맛나는 인생을 만들자. 더 이상 인생이 풀리지 않는다고 한탄하지 말고 당신의 말과 직면하라.

말하는 대로 인생이 된다. 이 책이 당신의 말을 바꾸고 인생이 달라지게 하는 행운이 되기를 바란다. 지금부터 당신의 시간을 말 연습에 투자해 보자. 그 노력은 절대로 당신을 배신하지 않을 것이다.

말은 당신을 당당하게 만들어 주는 삶의 에너지다.

기대되지 않는가?

아름다운 인생, 당신이 차지하기에 아직 늦지 않았다.

자신감 있는 말하기로 삶의 리더가 될 당신을 응원하고 축복한다.

휴먼디자이너<br>
손정미

# CONTENTS

**말 잘하는 사람들의 노하우**

\* 말이 통하는 대화의 기술에 대하여 \*

 **말이 주는 특별한 선물**

\* 인생을 바꾸는 말의 알고리즘 \*

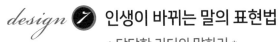

# *design* ⑦ 인생이 바뀌는 말의 표현법
## \* 당당한 리더의 말하기 \*

좋은 감정과 기운이 당신을 떠나지 않도록
당신의 말에 예를 갖추어서 말하기를 바란다.
삶이 힘들수록 당신을 잘 이끌어 줄 말을 하라.
당신의 미래는 당신이 하는 말에 따라 바뀐다.

*design*

# 인생이 뜻대로 되지 않는 순간 생각할 것들

·

### 지금도 열심히 살고 있는 당신에게

## 1-01
## 기회가 따라오는 말

어느 날 지하철을 갈아타기 위해 역에서 내려 에스컬레이터를 탔다. 사람들은 에스컬레이터에서도 빠른 걸음으로 올라가고 있었다. 지하철이 들어오는 소리가 들리자 사람들은 일제히 뛰기 시작했고 나의 발걸음도 갑자기 빨라졌다. 잠시 후 열심히 뛴 사람들은 지하철에 탔지만 나는 가쁜 호흡을 내쉬며 지하철 밖에 서 있었다.

당신도 전철을 놓쳐 본 경험이 있을 것이다. 시간과 마음이 여유로울 때는 '조금 늦을 뿐이다. 조금만 기다리면 다음 전철은 온다.'라고 생각하지만 그렇지 않을 때는 지나간 지하철도 원망스럽고 짜증까지 올라온다.

놓친 전철이 사라지듯 기회도 그렇게 순식간에 왔다가 사라진다.

고대 그리스 신화에 나오는 오르페우스의 아내 에우리디케는 숲으로 산책하러 나갔다가 독사에 물려 죽었다. 절망에 빠진 오르페우스는 아내를 찾기 위해 죽음의 세계로 간다. 자신의 아름다운 연주와 노래로 아내를 데려가는 것을 허락받고, 지하세계를 빠져나올 즈음 "절대 뒤돌아보지 말라."는 말을 잊는다. 그 순간 아내는 지하세계로 빨려 들어가고, 오르페우스와 영원히 이별하게 되었다.

사람들은 기회를 놓치고 '그때 그렇게 해야 했는데'라며 뒤돌아보며 후회한다.

당신은 어떤가? 삶에서 놓쳤던 것들에 대해 미련이 있지는 않은가?

후한서 ≪곽태전≫에 나오는 맹민은 지난 것에 뒤돌아보지 않고 간 사람으로 유명하다. 그가 등에 지고 있던 시루를 실수로 떨어뜨리고 그냥 지나가자, 대학자 곽태가 "왜 그렇게 했느냐?"라고 물었다. 그러자 맹민은 "시루가 이미 깨졌는데 돌아본다고 해서 무슨 도움이 되겠습니까?"라고 말했다고 한다.

열심히 살아도 뜻대로 되지 않는 인생에서 기회를 놓친 사람들에게 결단과 시작을 알리는 말이다.

누구에게나 기회는 온다. 만약 당신이 기회를 놓쳐 힘들다면 이미 지나간 것을 돌이키려고 해도 소용없다. 지나간 일에 집착하지 말고 지금에 충실하는 것이 현명한 방법이다. 지난 일에 대한 미련과 아쉬움 대신 오늘을 어떻게 만들어가야 할지 생각하는 것이 새로운 기회를 만든다.

가끔 사람들은 '아, 내일 하면 되지, 이 정도면 되겠지'라는 말로 순간순간 찾아오는 기회를 쉽게 놓친다. 그리고 기회를 놓친 것을 아쉬워하며 이렇게 말한다.

"아, 망했어."
"난 재수 없는 사람이야."
기회를 잡으려면 당신의 말부터 바꿔야 한다.
"내일은 이걸 한 번 다시 해 볼까?"
"그래도 다행이야."
"나도 운 좋은 사람이야."

당신에게 힘든 일과 뜻대로 되지 않은 상황은 또 다른 기회가 찾아오는 신호다.

믿고 때를 기다려 보자. 기다릴 줄 안다면 당신도 기회를 차지할 자격이 있다.

놓쳤던 기회는 오지 않겠지만 다른 기회가 당신에게 지금

오고 있다. 잘 몰라서 실수하고 알면서 실패했던 지난날은 보내고 지금 찾아오고 있는 기회를 만나자. 기회는 그런 자에게 다가갈 준비를 하고 있다.

| 기회를 놓치는 말 vs 기회를 만드는 말 | |
|---|---|
| 아, 내일 하면 되지 | 내일은 이걸 한 번 더 해 보자 |
| 난 재수 없는 사람이야 | 난 운 좋은 사람이야 |
| 아, 망했어 | 다행이다 |

▶ 기회를 만드는 말 옆에 이유를 적어보세요.

1) "내일은 이걸 한 번 더 해 보자." 한 번 더 해야 할 것은?
→

2) "난 운 좋은 사람이야." 운이 좋은 이유는 무엇인가요?
→

3) "다행이다." 다행인 이유는 무엇인가요?
→

▶ 자신의 인생에 기회를 만드는 말을 해 보세요.

| |
|---|
| 내일은 이걸 한 번 더 해 보자<br>난 운 좋은 사람이야<br>다행이다 |

## 1-02
# 행운은 말하는 대로 따라온다

MBC 예능 프로그램 〈놀면 뭐 하니?〉에서 유재석은 예전 무한도전에서 불렀던 〈말하는 대로〉라는 노래를 불렀다. 그중 한 부분이다.

"말하는 대로 될 수 있단 걸 알지 못했지 그땐 몰랐지."

자신의 미래를 아는 사람은 없다. 다만, 지나온 시간을 통해 깨닫는다. 20살의 유재석도 자신이 말하는 대로 인생이 만들어진다는 것을 깨달은 것은 39살 가사를 쓸 때였다고 한다.

말하는 대로 인생이 그려진다. 당신이 정말 원하는 것이 무엇인지 알고 말할 때 말은 현실이 된다. 나는 이것을 '말의 자동화'라고 명명한다. 말의 자동화는 사람들이 원하는 그 무엇을 구체적으로 말하고 그것을 반복적으로 말하는 시스템을 가진다.

아메리카 인디언의 속담 중에 이런 말이 있다.

"당신이 생각하고 있는 말을 1만 번 이상 반복하면 당신은 그런 사람이 된다."

인생에서 성공하고 싶지만, 마음처럼 잘되지 않았던 이유는 생각만 하고 말하지 않았기 때문이다. 당신의 인생이 달라지기를 원한다면 정말 이루고 싶은 것을 1만 번 이상 말해 보자.

"행운은 소심한 자의 편이 아니다."

이것은 그리스 속담이다. 당신이 말하는 대로 이루어지는 행운을 잡으려면 좀 더 적극성을 가지고 행동해야 한다. 당신의 말이 좀 더 빨리 현실로 이루어지도록 속도를 내자.

그러려면 당신이 원하고 이루려는 것을 혼자만 알고 있는 것이 아니라 다른 사람들에게 알려야 한다. 그 사람들은 당신의 말에 귀를 기울이고 박수를 보내줄 지지자들이다. 그들은 당신 편으로 이렇게 말한다.

"물론이야."
"당연히 잘될 거야."
"뭐든 해봐 대박 날 거야!"
"난 너를 믿어."

"응원할게."

"나도 자극받는다, 나도 열심히 해 볼래."

이번 기회에 주변 사람 중에서 그 사람이 누구인지 한 번 찾아보고 선택해도 좋다.

자, 이제 본격적으로 말의 자동화를 연습해 보자. 말의 자동화는 3단계 W.D.S를 거치면서 당신이 원하는 것에 대해 목표를 세워주고 사람들에게 말할 때 명확해진다.

1단계 W Want you want ; 원하는 것는 당신이 원하는 것을 알아보는 단계다. 당신이 되고 싶은 것, 하고 싶은 것, 갖고 싶은 것을 적어보길 바란다.

2단계 D Date accomplished ; 이룬 날짜는 그 말이 결과물로 드러나게 될 날짜와 시간을 구체적으로 적는다.

3단계 S Speak to supporters ; 지지자들에게 말하기는 당신을 지지하는 사람의 이름과 그들에게 알리는 방법을 적고 체크한다.

말의 자동화는 당신에게 행운을 줄 것이다. 당신이 말하는 대로 인생을 예측하게 하고 전진하게 한다. 오프라 윈프리는 "조금도 도전하지 않으려고 하는 것이 인생에서 가장 위험한 일이다."라고 말했다. 그러니 적고 말해 보라. 행운은 당신이 말하는 대로 따라온다.

▶ 말의 자동화 3단계를 적어보세요.

| 당신의 이름 : | |
|---|---|
| 1단계<br>Want you want<br>(원하는 것) | 되고 싶은 것 :<br>나는(　　　　)이/가 되고 싶다.<br>하고 싶은 것 :<br>나는(　　　　)을/를 하고 싶다.<br>갖고 싶은 것 :<br>나는(　　　　)을/를 갖고 싶다. |
| 2단계<br>Date<br>accomplished<br>(이룬 날짜) | 되게 된 날짜 :　　　년　　월　　일　　시<br>하게 된 날짜 :　　　년　　월　　일　　시<br>갖게 된 날짜 :　　　년　　월　　일　　시 |
| 3단계<br>Speak to<br>supporters<br>(지지자에게<br>말하기) | 지지자의 이름 :<br>공개법 : 문자 / 카톡 / 전화 / 미팅 |

## 1-03
# 당신도 잘될 운명을 가졌다

나의 엄마는 부잣집 맏딸로 태어났다. 엄마는 외할머니가 병으로 돌아가시고 새엄마를 맞이하면서 고아와 다름없는 삶을 살았다고 한다. 하루는 동생들을 막 대하는 새엄마에게 대들다가 집에서 쫓겨나 큰집에서 살았다고 한다.

엄마는 혼자 "아이고 내 팔자야."라고 자주 말했다. 그 말을 들을 때마다 삶이 고달팠던 엄마가 불쌍했지만, 팔자타령을 하는 엄마의 말은 참 싫었다. 거기다 나와 동생들이 다투면 "부모 복 없으면 서방 복 없고, 서방 복 없으면 자식 복 없다."라고 하며 신세 한탄을 하곤 했다.

나는 엄마의 말이 그대로 내게 올까 봐 두려워 이렇게 말하곤 했다.

"난 엄마처럼 안 살 거야."

사람들은 제아무리 잘 될 운명으로 태어나도 자신에게 부딪히는 현실의 무게가 감당하기 어려우면 잘 될 운명을 스스로 어긋나게 하는 말들을 자주 한다.

"사는 게 힘들어."
"내 팔자는 왜 이래."
"이렇게 살아서 뭐 해."
"확 죽어버리고 싶어."

이런 말을 달고 사는 사람은 태어날 때부터 잘 될 운명에 스스로 부정적인 말을 하여 자신의 운명을 힘들고 억울한 인생, 만족하지 못하는 삶으로 인도한다.

부정적인 말의 빈번한 사용은 자신의 감정까지 부정적으로 흐르게 한다.

EBS 〈다큐프라임〉에 나왔던 내용이다.

미국 언어생활 심리학자 엘머 게이츠Elmer Gates는 사람들이 말을 할 때 나오는 입김을 실험했다. 사람들의 다양한 감정 상태의 입김을 냉각시켜 액체 공기로 만든 후 생성된 침전물은 사람의 감정에 따라 각각 다른 색의 침전물로 나타났다.

감정에 따른 침전물의 색은 평상시에는 무색이었지만, 분노와 독설의 말을 할 때는 갈색 또는 검정으로 변했다. 사랑의 말을 할 때는 분홍색으로 변하고 슬픔을 말할 때는 회색으로 바뀌었다. 그중 갈색 침전물을 흰쥐에게 주사하자 흰쥐는 몇 분이 안 되어 죽었다. 이 실험으로 갈색 침전물은 '분노의 침전물'로 명명되었고 사람이 화의 감정을 가지고 1시간 말을 하면 실험용 흰쥐 80마리를 죽일 만큼의 독이 발생한다는 것이 입증되었다.

부정의 감정을 가지고 말하는 것은 자신뿐 아니라 다른 사람에게도 치명적인 영향을 준다.

말이 독이 되지 않도록 감정을 잘 관리해야 한다. 사람이 건강을 위해 건강 주스를 먹으면서 몸의 독소를 빼듯 말의 독을 제거하자.

신세 한탄, 팔자타령으로 인생이 순식간에 헐값이 되지 않도록 늘 조심하자.

인생을 바꾸려면 살아온 자신의 인생을 존중하고 높여주는 말이 필요하다.

"아무리 사소한 말도 가장 중요한 말을 하는 것처럼 하라."

발타자르 그라시안이 이렇게 말한 이유도 여기에 있다.

좋은 감정과 기운이 당신을 떠나지 않도록 당신의 말에

예를 갖추어서 말하기를 바란다.

삶이 힘들수록 당신을 잘 이끌어 줄 말을 하라. 당신의 미래는 당신이 하는 말에 따라 바뀐다. 그러니 별로인 인생, 가난하다고 생각한 자신에게 스스로 다시 태어나게 할 '자생自生의 말'을 해 보자.

"나는 잘될 운명으로 태어났다."

당신은 잘될 운명으로 태어났고 그것을 어떻게 유지하느냐는 당신의 말에 달려 있다. 그 말은 당신을 새롭게 바꾼다.

"당신은 잘될 운명으로 태어났다."

▶ 자신이 잘될 운명으로 태어났다고 생각되는 10가지를 적어보세요.

"나는 잘될 운명으로 태어났다."

1)
2)
3)
4)
5)
6)
7)
8)
9)
10)

▶ 자신을 향해 위에 적은 10가지를 천천히 소리 내어 읽어주세요.

> "나는 잘될 운명으로 태어났다."

## 1-04
# 부족함이 성공을 부른다

어린 시절 늦은 밤 귀가하는 부모님을 기다리다 지쳐 잠들었던 나는 돈 많은 부자가 동경의 대상이었다. 부자가 되면 부모님이 매일같이 일하러 가지 않아도 된다고 생각했기 때문이다.

초등학교 6학년 때 친구 집에 놀러 갔는데 깜짝 놀랄 만한 일이 생겼다. 우리 집은 고작 방 한 칸에 네 식구가 사는데, 친구의 집은 큰 마당과 정원에 공작새까지 키우고 있었다. 부모님께는 말하지 못했지만, 그때 처음으로 우리 집이 가난하다는 것을 실감했다.

집으로 돌아온 나는 가방 속의 교과서를 꺼내어 예습이란 것을 처음으로 하였다. 어린 내가 가난을 이겨낼 방법은 공부를 열심히 하는 것으로 생각했던 모양이다.

누구에게나 결핍은 있다.

사람들은 자신의 결핍 때문에 괴로워하지만, 결핍을 채우기 위해 부단히 노력한다.

조선 후기 실학자 이덕무는 자신이 서자라는 결핍을 극복하기 위해 누구보다 열심히 책을 읽었다고 한다. 이덕무는 결핍을 문제로만 바라보지 않고 현실을 바꿀 수 있는 대상이라고 생각하였다.

일본 3대 경영의 신 마쓰시타 고노스케 회장 역시 자신의 결핍을 객관적으로 바라보았고 결핍을 세 가지 복으로 바꿔 말했다.

첫째 복, 집이 몹시 가난했다.
둘째 복, 몸이 매우 허약했다.
셋째 복, 초등학교도 못 다녔다.

마쓰시타 고노스케 회장처럼 결핍을 탓하지 않고 오히려 복으로 생각하고 넉넉함으로 채울 수 있는 풍족한 사고의 확장이 필요하다.

《탁월한 인생을 만드는 법》의 저자 마이클 하얏트는 결핍된 사고를 하는 사람과 풍족한 사고를 하는 사람의 차이

점에 대해 이렇게 말했다.

"결핍된 사고를 하는 사람은 불평불만을 달고 살며 걱정이 많다. 항상 모자랄 거라고 생각하여 매사에 인색하고 매정하다. 무엇보다 결핍된 사고의 사람은 소심하다. 비관적이고 난관을 장애물로 여겨 소심하고 위험을 회피하려고 한다. 반면, 풍족한 사고를 하는 사람은 감사할 줄 알고 자신감이 넘친다. 매사에 너그럽고 다정하다. 더 배우고 성장하고 발전할 수 있다고 생각한다. 경쟁을 두려워하지 않고 자신을 강화시키는 것으로 사용한다. 낙관적이며 난관을 대범하게 생각하고 리스크를 감수하려고 한다."

이 두 사고방식이 다른 이유는 자신 앞에 놓여 있는 미래에 대한 기대감의 차이다.

결핍된 사고를 하는 사람은 자신의 미래가 힘들 거라고 늘 생각하기 때문에 인생에 대한 기대감이 부족하다. 하지만, 풍족한 사고를 하는 사람은 최고의 미래가 펼쳐질 것이라는 기대를 늘 하고 있어서 같은 결핍을 가졌더라도 다르게 사고할 수 있다.

당신은 어떤 사고를 하는가? 다른 사람보다 부족한 그것에 대해 결핍된 사고를 하는가? 부족함에도 풍족한 사고를 하는가?

우선 당신 안에 있는 결핍을 떠올려보자. 다른 사람보다 조금 부족하다고 생각되는 것은 무엇인가?

이제 당신의 결핍을 복으로 바꾸어 말해 보자. 당신의 부족한 그것이 성공의 운을 부른다. 당신에게 펼쳐질 미래에 대한 기대감을 버리지 않고 희망을 품는다면 좋은 운이 따라오는 길을 만들 수 있다. 그러니 당신의 결핍에 실망하지 마라. 가난과 부모를 탓하지도 마라. 당신이 가진 부족, 결핍은 당신을 성장하게 한다.

"당신은 더 이상 부족하지 않다."

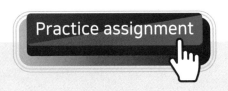
▶ 성공을 부르는 복 카드를 적어보세요.

| 나의 결핍은 무엇인가? | 복으로 바꾸어 적어주세요 |
| --- | --- |
|  |  |
|  |  |
|  |  |
|  |  |
|  |  |
|  |  |
|  |  |
|  |  |

▶ 자신을 향해 위에 적은 10가지를 천천히 소리 내어 읽어주세요.

| "나는 잘될 운명으로 태어났다." |
| --- |

## 1-05
## 아픈 기억을 날려버리는 말

스물일곱, 갓 결혼 후 대구에서 서울로 올라와서 하던 일을 다시 하려니 10개월의 공백 기간이 있던 때였다.

어느 날 색칠을 하는 아르바이트를 시작했는데 한 달이 되었을 때 색칠한 자료와 함께 음악 CD를 팔아야 하는 것을 알게 되었다. 남편은 그 일을 반대했지만, 영업은 내게 새로운 도전의 기회가 될 거란 생각이 들었다. 그 후 지인들에게 하는 일을 알렸는데 그들은 이렇게 말했다.

"남편은 알고 있니? 이런 일로 연락하지 않았으면 해."

"김 선배를 찾아가 봐."

"이런 거 다 우리 집에 있어."

물건을 사야 하는 부담에 더 그런 말을 한 것 같지만, 그 말들은 오래도록 상처로 남았고 그들은 내게서 멀어졌다.

사람과의 관계에서 상처를 안 받고 살 수는 없다. 똑같은 말을 해도 어떤 사람은 무덤덤하게 넘어가지만, 상처받아 가슴이 칼로 도려내듯 아프게 느껴지는 사람도 있다.

독일의 심리학자 도리스 볼프는 책 ≪심장이 소금 뿌린 것처럼 아플 때≫에서 "상처를 잘 받는 사람은 긍정적인 측면을 보지 못하고 자신이 받아들여지지 않은 것에만 집중한다."라고 했다.

인간관계에서 자신의 요구가 수용되지 않는 이유를 부정적으로 받아들여 해석하면 상대방의 무심코 내뱉은 말에 거절과 무시당했다고 생각한다. 이런 부정적 감정이 지속되면 우울감이 동반되면서 대인기피증까지 생기게 된다.

독일의 철학자 게오르크 헤겔은 "마음의 문을 여는 손잡이는 안쪽에만 달려 있다."라고 했다.

당신과 사람들의 마음을 여닫는 것은 당신에게 있다. 관계에서 상처받은 마음을 자꾸만 들여다보면 자신을 더 작고 초라하게 만든다. 당신이 상처받고 힘든 상태라면 그 상처에서 벗어나기 위해 애쓰는 자신을 사랑하고 존중하는 말을 해 주어야 한다.

영업이란 일을 처음 시작하면서 사람들의 거절과 비난을 듣고 힘들었다. 그때 나를 지지하고 존중해 주는 사람들이 있었는데, 그들은 새로운 도전을 하는 내게 이렇게 말해주었다.

"너 정말 대단하다."
"이왕 하기로 마음먹었으니까 하는 데까지 해봐."
"나중에 네 말처럼 네게 큰 경험이 될 거야."
"네가 그 일이 힘들어 금방 그만둔다고 해도 난 너를 응원해."

그리고는 필요도 없는 음악 CD를 나 몰래 사 준 일을 알게 되었을 때 정신이 번쩍 들었다. 그 후 10개월 동안 열심히 일한 결과 초고속 승진까지 하게 되었다.

작가 도리스 볼프는 "내 가치를 상대의 결정에 맡기지 말라.'라고 했다. 어떤 상황 속에서도 사람의 말에 휘둘리지 말고 하고자 하는 일의 시작과 멈춤을 스스로가 결정하여야 한다.

상처 난 관계에서 벗어나고자 억지로 완벽한 관계를 유지하려고 애쓰지 말자. 당신은 타인의 잘못된 말 한마디를 가슴에 오래 담지 않기를 바란다.

진심으로 응원해 주는 사람과 만나 이야기하기에도 시간

은 부족하다. 상처에서 회복할 수 있도록 자신을 힘이 나게
하는 단단한 말을 해 보자.


"괜찮아."
"이런 일로 죽진 않아."
"이 또한 지나가리라."
"꼭 그렇게 안 되어도 괜찮아."
"힘들면 다시 돌아오면 되지."
"난 널 믿어."
"응원할게."


언젠가 당신도 상처받은 그 누군가에게 꼭 해 줄 단단한
말이다. 사람들의 어떤 아픈 말에도 기죽지 않을 이 말로,
더 이상 상처 난 관계를 붙잡지 말고 단단한 말로 갈아타라.

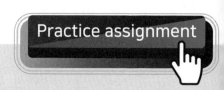

▶ 자신의 해결되지 않은 아픔은 무엇인가요?

▶ 자신의 아픔이 해결되려면 어떻게 하면 좋을까요?

▶ 자신에게 힘이 되는 단단한 말을 적어보세요.

▶ 자신에게 단단한 말을 해 주세요.

*design* ②

# 인생이 잘 풀리지 않는 이유

•

## 나쁜 감정과 서툰 말에 대하여

## 2-01
# 이렇게 해 봐야 아무 소용없다는 혼잣말

오래전 직장 회의가 동료의 불만으로 더 길어진 적이 있었다. 회의를 마친 후 나는 "에이, 짜증 나! 저럴 일이야?"라고 혼잣말을 하면서 복도를 걸어갔다. 그때 맞은편에서 걸어오는 상사와 눈이 마주쳤는데 굉장히 당황스러웠다. 급하게 목례하고 지나갔지만, 상사가 나의 혼잣말을 들었을까 봐 불안했다. 평소 회의 때마다 불만을 털어놓으며 시간만 잡아먹는 동료와 그 앞에서는 말 한마디 못 하고 혼자 중얼거리는 내가 별반 다를 게 없는 상황이었다. 그 후 일부러 상사를 피하게 되었고 동료도 떳떳하게 쳐다보지 못했다. 그 창피한 사건 뒤 나는 다른 사람에 대한 혼잣말은 절대로 하지 않았다.

사람은 누구나 혼잣말을 한다. 혼잣말<sub>private speech</sub>은 소통, 스스로에 대한 지도, 자기 행동 규제를 위해 스스로에게 하는 말이다. 예를 들어 요리하다 냉장고 앞에 서서 '내가 뭐 하러 왔더라? 아 맞다 두부'라고 말하는 것과 같다.

혼잣말은 레프 비고츠키를 비롯한 많은 연구가에 의해 30년간 연구되었고, 2살에서 7살 사이의 어린이부터 남녀노소가 혼잣말을 사용한다고 한다.

미시간대학의 정서 심리학자 에단크로스는 "혼잣말을 하는 사람들의 인생이 더 성공하고 안정적이며 행복하다."라고 했다.

혼잣말은 자신을 더 똑똑하게 만들고 자존감도 높여주지만, 자신과의 부정적인 대화를 통제하여야 삶에 긍정적으로 영향을 끼친다고 한다.

혼잣말로 인생이 달라진 사람들이 있다. 스무 살에 올림픽 경기에 출전했던 박상영 펜싱선수는 14대 0으로 지던 경기에서 '할 수 있다, 할 수 있다'고 혼잣말을 했다. 그리고 상대방 선수의 칼을 다 막아내어 마침내 금메달리스트의 운명을 가졌다.

2020 도쿄올림픽에서 높이뛰기에 출전한 우상혁 선수 역시 '할 수 있다'를 되뇌었다. 그는 경기 전 자신의 최고 기록인 2미터 31을 넘어섰고 한국 신기록 2미터 34를 이뤄냈

다. 이처럼 혼잣말은 강하고 사람들의 성취도에 긍정적인 상관관계를 준다.

부정적인 혼잣말은 자신의 무한한 능력에 대해 스스로 한계를 긋고 삶의 걸음을 멈추게 한다.

"이렇게 해 봐야 아무 소용없어."
"이게 내 한계야."
"내가 왜 이런 일에 힘을 들이고 있지."

부정적인 혼잣말은 자신의 의지를 부정하고 실망하게 하는 말로 당신의 인생을 힘차게 일어서게 하기에는 역부족이다. 부정적인 혼잣말보다 당신에게 긍정적인 영향을 주는 말로 꼭 기억해야 할 것들이나 중요한 내용을 말하자.

인생이 잘 풀리려면 미래에 펼쳐질 일들에 대한 가능성을 활짝 열어주는 말을 해야 한다. 초라하게만 느껴지는 인생이라고 생각될수록 자신을 격려하고 혼잣말을 강하게 만들자. 당신이 뭐든 해낼 수 있도록 자신의 가능성을 믿고 확언하는 말을 해 보자.

"할 수 있다!"

"나는 뭐든 되고 뭐든 할 수 있고 뭐든 하면 된다."

이 말은 자신의 녹슨 삶의 부분을 스스로 닦게 하고 반짝반짝 빛이 나는 삶을 살게 해 준다. 인생을 바꾸는 말은 당신이 혼잣말할 때도 자동화되고 있다는 것을 명심하자. 당신의 가능성을 믿고 말해보자.

인생을 살다 보면 넘어질 때도 많다. 당신이 잘되고 잘하고 싶을수록 좌절의 강도는 강하게 다가온다. 그만큼 당신이 성공하고 싶은 마음이 커서이다. 인생에서 넘어지면 일어서고 지치면 걸어서라도 가면 된다. 걷기도 힘들 때는 잠시 쉬어도 된다. 당신의 젊은 인생을 실망하고 포기하기는 너무 이르다.

| 인생이 술술 풀리는 말 |
| --- |
| "할 수 있다"<br>"나는 뭐든 되고!"<br>"나는 뭐든 할 수 있고!"<br>"나는 뭐든 하면 된다!" |

▶ 자신이 요즘 하고 싶은 것 10가지를 적어보세요.

1)

2)

3)

4)

5)

6)

7)

8)

9)

10)

▶ 자신이 하고 싶은 것 10가지를 말해 보세요.

1)

2)

3)

4)

5)

6)

7)

8)

9)

10)

## 2-02
## 불안과 조바심의 걱정 울타리

어느 날 핸드폰으로 주식 창을 보고 있는 남편에게 한마디 했다.

"그렇게 쳐다보면 주식이 올라가?"

"신경은 써야지."

남편은 쉬이 핸드폰을 놓지 않았다.

사람들은 어떤 일의 결과를 알지 못한 채 막연히 기다려야 할 때 불안감을 느낀다. 불안과 조바심은 걱정으로 작용한다. 자녀의 시험 결과를 기다릴 때, 집에 곧 온다고 한 남편이 연락도 없이 빨리 집으로 돌아오지 않을 때, 면접 후 합격 소식을 기다리고 있을 때 등 삶 속에서 자주 등장한다. 특히 다른 사람들에 비해 자신이 뒤처져있다는 생각이 들면 누구나가 불안과 조바심으로 가득 찬 걱정의 말을 하게 된다.

"저 사람이 나보다 더 잘하면 어떡하지?"
"이번에는 꼭 시험에 합격해야 하는데."
"이번 프로젝트 성공 못 하면 직원들이 나를 어떻게 볼까?"

중간지대의 불안이란 말이 있다. 심리학자 폴 트루니에가 정의한 것으로, 서커스에서 공중그네를 타는 사람이 반대편 그네를 잡기 전에 잡고 있던 그네를 놓을 때 생기는 불안증세를 말한다. 만약 서커스단원이 그 불안감을 떨쳐버리지 못한다면 어떻게 될까? 생각만 해도 아찔한 순간이 될 것이다.

보이지 않는 미래에 대한 막연한 불안은 누구나 가지고 있지만, 지나친 걱정과 불안으로 초조할 필요는 없다.

≪당신의 뇌는 서두르는 법이 없다≫라는 책에서 작가는 "조바심 가득한 삶에서 벗어나려면 불안과 걱정에 휘둘리지 않는 뇌를 설계하라."라고 한다. 뇌의 편도체는 불안에 가장 먼저 반응하여 두려움이나 공포 등의 부정적인 감정을 느끼게 하고 스트레스 축이 강하게 활성화된다. 이때 사람들은 심장이 빠르게 움직여 혈액이 심장으로 몰리는 가슴

답답함까지 느낀다. 이러한 증세는 모두 '뇌가 만들어낸 현상일 뿐'이라고 한다.

뇌가 만들어 낸 걱정과 불안, 조바심에서 벗어나려면 자신의 조바심 상태가 어떠한지 알아보고 뇌를 다스리는 말을 해야 한다.

중국에서 모죽毛竹이라고 불리는 대나무는 싹을 틔우지 않다가 5년이 지나서야 싹을 틔우고 하루에 수십 센티미터씩 자란다. 그 후 6주 만에 30미터까지 자라는 가장 굵고 우람한 대나무가 되어 어떠한 비바람에도 쓰러지지 않는다고 한다.

지금 당장 뭔가 되어 있지 않다고 조급할 필요는 없다. 좀 느리고 답답한 나일지라도 초조하지 않으면서 타인과 비교하지 않는 여유 있는 말로 걱정 울타리에서 벗어나자.

늘 똑같은 삶을 살고 있지만 가끔은 특별한 하루를 시도해 보자. 매일 먹던 밥 대신 면을 먹거나 좋아하는 음식점을 찾아간다. 통화만 하던 친구를 카페에서 만나 마음껏 수다를 떨어 본다. 늘 하는 집안일이지만 콧노래를 불러가며 신나게 몸을 움직여본다.

그리고 자연을 자주 바라보자. 자연은 당신의 삶에 여유와 낭만까지 더불어 부어준다. 이런 행동은 그저 그런 하루에 활기를 주어 특별한 하루가 되게 한다.

인간의 삶이 완전하지 않기에 불안한 것은 너무나 당연하다.

다만 조금만 다르게 생각하고 행동하면 하루가 달라진다. 오늘도 열심히 사는 당신에게 힘이 나도록 말을 걸어 주자. 자신에게 아무렇게 말하면 아무렇게만 되는 인생이 된다. 결국 당신만 더 힘들어진다.

당신 자신을 스스로 챙겨라. 당신을 위해 조바심 자가 진단 테스트를 담았다. 30가지 문항에서 해당하는 칸을 표시하면서 진단해 보길 바란다. 그리고 결과로 나온 당신의 조바심을 다스리자.

당신의 말로 당신의 마음을 어루만져주자.


"잘하고 있어."

"오늘도 해냈어."

"내일은 더 좋을 거야."

"나는 점점 더 잘되고 있어."

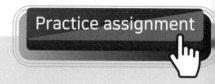
▶ 조바심 자가진단 테스트를 해보세요.

| 1 | 진료 순서나 지하철을 기다리는 등 무언가를 기다리는 것이 힘들다. | |
|---|---|---|
| 2 | 늘 시간이 부족하다고 생각한다. | |
| 3 | 아무것도 하지 않으면서 시간을 무의미하게 흘려보내는 것이 아깝다. | |
| 4 | 끊임없이 핸드폰을 만지작거린다. | |
| 5 | 한 가지 일을 꾸준히 하지 못하고 이 일, 저 일 번갈아 가며 한다. | |
| 6 | 자꾸 쓸데없는 걱정이 든다. | |
| 7 | 짜증을 자주 내거나 조그만 일에도 화가 난다. | |
| 8 | 결과가 나올 때까지 기다리는 것이 힘들다. | |
| 9 | 다른 사람에 비해 밥을 빨리 먹는 편이다. | |
| 10 | 잠자는 시간이 아깝게 여겨진다. | |
| 11 | 자주 성과에 대한 압박감을 느낀다. | |
| 12 | 운전 중에 길이 막히면 화가 난다. | |
| 13 | 하루 동안 아무것도 한 것이 없다고 느끼는 경우가 많다. | |
| 14 | 항상 무언가를 하지 않으면 불안하다. | |
| 15 | 운전할 때면 이상하게 교통신호에 자주 걸린다. | |
| 16 | 다른 사람의 이야기에 신경을 많이 쓴다. | |
| 17 | 퇴근 무렵에는 늘 쫓겨 다니는 기분이다. | |

| 18 | 편법이나 불법으로 성과를 얻고 싶은 충동을 느낄 때가 있다. | |
|---|---|---|
| 19 | 다른 사람의 시선에 신경을 많이 쓰는 편이다. | |
| 20 | 시간이 오래 걸리는 일은 쉽사리 시작하지 못한다. | |
| 21 | 폭넓게 생각하지 못하고 단편적으로 사고하는 편이다. | |
| 22 | 늘 일에 치여 산다. | |
| 23 | 해야 할 일을 뒤로 미루는 경우가 많다. | |
| 24 | 기회주의자처럼 행동할 때가 있다. | |
| 25 | 긴 글은 보기가 힘들다. | |
| 26 | 자주 딴짓을 한다. | |
| 27 | 해야 할 일이 많아도 집중해서 하지 못한다. | |
| 28 | 자주 심장이 뛰고 호흡이 가빠진다. | |
| 29 | 무언가를 시작했다가도 쉽게 포기하는 경우가 많다. | |
| 30 | 다른 사람보다 욕심이 많은 편이다. | |

출처 ≪당신의 뇌는 서두르는 법이 없다≫

## 진단 결과

● 15개 이하는 조바심에서 자유로운 사람

● 15개 이상은 조바심에 시달려 사는 사람

● 30개에 가까울수록 조바심이 심각한 사람

## 2-03
## 알면서도 바뀌지 않는 태도와 말 습관

유명한 화가 미켈란젤로가 시스티나 성당에서 천장화를 그리고 있을 때다. 미켈란젤로가 길이 40.5미터 가로 14미터 천장 약 20미터 넓이의 천장에 벽화를 그리고 있는데 친구가 말했다.

"여보게, 구석진 곳에 보이지도 않는 인물 하나를 그리려고 그 고생을 한단 말인가? 그게 완벽하게 그려졌는지 그렇지 않은지 누가 안단 말인가?"

그러자 미켈란젤로는 이렇게 말했다.

"내가 알지."

미켈란젤로는 높은 천장에서 사다리를 의지한 채 받침대 위에서 매일 그림을 그렸다. 그리고 시스티나 성당의 아름다운 천장화를 완성하였다.

우리는 종종 시간에 쫓기면서 자신이 한 말을 지키지 못할 때가 많다. 그리고 그런 자신의 태도를 아쉬워하는 말을 한다.

　"이번에는 진짜 살 빼야 하는데"
　"책 좀 읽어야 하는데"
　"밥 한번 같이 먹어야 하는데"
　"자주 만나야 하는데"

　그리고 "~해야 하는데"의 말 뒤에 꼭 이런 수식어를 붙이거나 그 말을 생략한다.

　"이번에는 진짜 살 빼야 하는데 (운동할 시간이 없어)"
　"책 좀 읽어야 하는데 (할 일들이 너무 많아)"
　"밥 한번 같이 먹어야 하는데 (오늘은 시간이 맞지 않아)"
　"자주 만나야 하는데 (뭐가 이리 바쁜 거지?)"

　사람들은 자신과 다른 사람에게 이렇게 말하며 다음을 기약한다. 이런 말을 자주 하는 사람의 특징은 '~해야 하는데' 뒤에 오는 말을 부정적으로 오게 하고 행동으로 옮기지 않는다. 결국 말만 하는 사람으로 보이고 자신의 태도를 좀처럼 바꾸기도 어려워진다.

알면서도 잘 바뀌지 않는 태도와 말 습관을 바꾸려면 말을 바꾸고 행동으로 실천하는 '말 기획'이 필요하다. 이것은 잘못된 말 습관을 바꾸고 행동을 긍정적으로 변화하게 한다.

'말 기획'은 '~해야 하는데' 대신 '~하고'라고 말한 뒤에 '~한다'(구체적인 행동 설정)를 붙인다.

말 기획=~하고+~한다(구체적인 행동 설정)

말 기획(~하고 ~한다)는 그동안 시간이 없어 늘 핑계만 댔던 자기 행동을 스케줄링화하는 것이다. 바쁜 일정이지만 더 이상 미루지 않도록 자신이 해야 할 행동을 넣어 말하는 이 방법은 시간 없어 무엇을 못 한다는 핑계는 더 이상 남발하지 않게 한다.

~하고+~한다(구체적인 행동 설정)

"이번에는 진짜 살 빼고 + 55사이즈 입는다."
"책 읽고 + 영화도 본다."

"밥 한번 같이 먹고 + 커피도 마신다."
"자주 만나고 + 사진도 찍는다."

자신의 태도를 스스로 바꾸고 실행으로 옮기는 '말 기획'은 누구나 필요하다. 존 웨슬리는 "나는 새가 내 머리 위를 날아가는 것을 막을 수는 없지만, 내 머리카락에 둥지를 트는 것은 분명히 막을 수 있다."라고 말했다.

말 기획으로 말이 움직여 행동으로 나타날 수 있도록 당신의 말과 태도를 바꾸어 보자. 말 기획은 당신은 물론 당신과 함께하는 사람까지 덤으로 행복하게 한다.

지금 바로 실천할 당신의 말은 무엇인가? 무엇으로 정하고 싶은가?

"~하고+~한다(구체적인 행동)."

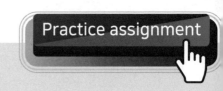
▶ 그동안 미루었던 일을 떠올려보세요.

▶ 해야 할 일들에 대해 말 기획을 만들어 보세요.

| ~하고 | +~한다 (구체적인 행동) |
|---|---|
|  |  |
|  |  |
|  |  |
|  |  |
|  |  |

## 2-04
# 두려움 대신 챙겨야 할 것

인기 드라마 〈김 비서는 왜 그럴까〉에서 부회장<sup>이영준</sup>은 친구에게 자신이 사과에 익숙하지 않음을 이렇게 말했다.

"미안하다는 말은 스페인어로 '로 씨엔또<sup>Lo siento</sup>'이다. 그걸 처음부터 따라 말하기가 어렵다. 왜냐하면 어색해서 써본 적이 없기 때문이다."

다음 날 부회장은 용기를 내어 그동안 자신이 어색해서 한번도 하지 않았던 사과의 말을 김 비서에게 전한다. 그리고 부회장은 "별거 아니군."이라고 말하며 웃는다.

말에도 용기와 경험이 필요하다. 평소 사용하지 않았던 말을 갑자기 하려면 어색하다. 입 밖으로 내뱉는 것이 쑥스러워 표현도 서툴다. 하지만 어색하고 두려운 말도 하지 않을 때보다 말하기 시작하면 훨씬 자연스러워진다.

그동안 당신이 어색해서 말하지 못하고 두렵고 떨려서 말을 잘하지 못했다면 '말 경험'을 가져보자. 말 경험은 입으로 소리를 내어 말하는 기회를 가지는 것이다. 말 경험을 반복적으로 가지면 말의 두려움을 떠나 자연스러운 대화를 하게 한다.

말 경험의 좋은 예는 인사다. 엘리베이터에서 만난 이웃에게 인사를 건네 보자. 말할까 말까 망설이지 말고 "안녕하세요?"라고 먼저 말하면 상대방도 따라 인사한다. 그 사람이 먼저 내릴 때는 "안녕히 가세요." "먼저 들어가세요."라고 말을 해 보자. 일상에서 먼저 다가가는 말로 인사를 성공하고 나면 그 사람을 다시 만났을 때는 인사는 물론이고 간단한 대화도 나눌 수 있는 자신감이 생겨난다.

이런 말 경험을 할 때 생각하지 말아야 할 3가지가 있다.

**첫째, 말하면서 어색해하지 말자.**

'나는 그런 말을 잘하지 못하는 사람이야'라고 생각하는 순간 당신의 입은 굳어진다. 갑자기 말을 많이 하면 어색할 거라는 고정관념에서 벗어나야 한다.

**둘째, 침묵의 익숙함을 기억하지 말자.**

평소 말을 잘 하지 않는 사람들은 일상에서 말하는 것보다 듣는 입장이 될 때가 많다. 듣는 사람에서 말하는 사람으로 포지션을 바꾸어 보자. 상대방에게 할 간단한 질문을 준비하여 침묵하고 싶을 때 질문을 던질 수 있기를 바란다.

**셋째, 타인의 시선을 생각하지 말자.**

'이렇게 말하면 저 사람이 나를 어떻게 볼까?'라고 생각하는 순간 또다시 침묵하게 된다. 사람들은 그다지 당신에게만 집중하지 않는다. 그러니 다른 사람을 의식하지 말고 과감하게 말하라.

말 경험을 할 때 놓치면 안 될 것이 있다. 다른 사람이 당신에게 호의적으로 말할 때 난처해하지 말고 잘 받아야 한다.

어느 날 저녁밥을 먹고 설거지하는 아들에게 말했다.

"아들이 설거지해주니 엄마 일이 줄어들었네. 고마워."

그러자 아들은 그런 낯간지러운 말은 제발 하지 말라며 쑥스러워했다. 그래서 아들에게 이렇게 말해주었다.

"말을 잘하는 것도 중요하지만 상대방의 말속에 있는 마음을 잘 받는 것도 중요해. 아들 정말 고마워."

아들은 이해했는지 "네."라고 말했다. 고마움을 표현한 사람에게 "뭘, 그런 걸 가지고."라고 말하면 상대방의 말은 겸

연쩍게 되고 고마움의 가치도 떨어진다.

누군가가 당신에게 "고맙습니다."라고 말한다면 먼저 웃음으로 답해주자. 그리고 "그렇게 말해줘서 감사합니다."라고 말한 사람에게 다시 그 고마움을 돌려주자. 그것은 상대방의 말을 존중하고 있음을 뜻하고 상대방에게는 뿌듯함을 주기 때문에, 관계가 더 좋아지는 말 경험이 된다.

사과와 용서의 말은 때를 놓치면 관계를 발전시키기 어렵다. 사과와 용서의 말을 할 때는 자존심을 생각하지 말자. 먼저 말하는 사람이 손해 보는 것이 아니라 오히려 관계에서 신뢰를 얻게 하므로 주저하지 않아도 된다.

용기를 가지고 천천히 말해 보라.

때로는 당신의 말을 쉽게 거절하고 상처를 주는 사람들이 더러 있다. 그들은 아무리 마음을 다해 말해도 진심이 통하지 않는다. 그럴 때는 말을 계속 이어갈지 말지를 결정해야한다. 혹 말을 매듭지을 때는 당신의 이미지가 좋게 남을 수 있도록 마무리를 잘해야 한다. 언젠가는 그 사람의 입으로 전해지는 말에 의해 당신이 재평가되기 때문이다.

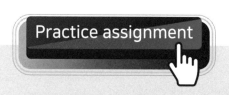

▶ 당신의 말 경험을 체크해 보세요.

1) 자신의 말 경험에서 가장 두려운 것은 무엇이었나요?

2) 자신의 말 경험에서 버려야 할 것은 무엇인가요?
   a. 말의 어색함
   b. 침묵의 익숙함
   c. 타인의 시선

3) 위의 세 가지 이외에 버려야 할 것은 무엇인가요?

4) 모르는 사람에게 먼저 말을 했던 말의 경험을 적어주세요.

## 2-05
## 화난 감정을 비우는 방식

추운 겨울날 고3이었던 아들이 정시를 보고 풀이 죽어 집으로 왔다. 시험을 못 본 거 같아 눈치를 보며 조심스레 말을 걸었다.

"수고했어. 아들."

그런데 아들의 반응이 나를 당혹스럽게 했다.

"엄마, 난 수고했다는 말을 들을 가치도 없는 인간이야. 내 인생은 왜 이 모양인지 모르겠어. 운도 없고 재수도 더럽게 없어."

아는 문제를 놓친 아들은 최저등급 1점 차로 원하던 대학에 진학하지 못해 한동안 혼자 방에서 소리를 치며 화를 내곤 했다.

인생은 늘 굴곡이 있다. 때로는 잘나가는 연예인처럼 그

곡선이 높다랗게 그어질 때도 있지만, 하염없이 바닥을 칠 때도 있다. 사람들은 좋을 때의 감정보다 힘들고 지칠 때의 감정에 더 많이 집중한다. 슬프고 우울한 감정은 확장되면 분노의 감정으로 변하기 쉽다.

심리학 박사 리처드 칼슨은 느닷없이 치밀어 오르는 화의 감정을 버리라고 한다. 화의 감정을 버리지 못하면 당신도 모르게 말이 격해진다. 당신의 감정을 잘 조절해야 자신과 다른 사람을 괴롭히는 말을 하지 않게 된다.

하루는 남편에게 속상한 일을 말해주었다. 그런데 듣고 있던 남편이 갑자기 이렇게 말했다.

"다 말했어? 너는 내가 휴지통인 줄 알지?"

여느 때처럼 속상한 마음을 잘 들어주고 있는 남편이 갑자기 기분 나빠하는 모습에 당황스러웠다. 그래서 나도 모르게 남편에게 "그럼 내가 누구한테 이 말을 해?"라고 화를 냈다. 아무리 가까운 남편도 부정적인 나의 감정까지 다 받아주기는 힘든 모양이었다. 그 후 남편에게 말을 할 때 나쁜 감정까지 전달하지 않으려고 조심하게 되었다.

말은 감정과 연결되어 있다. 누구라도 힘들고 억울한 일이 생기면 가장 먼저 생각나는 사람은 가족과 친한 지인이다. 하지만 아무리 가까운 사이여도 부정적인 상황을 전할 때는 자신의 속상한 감정은 빼고 힘들었던 내용만 말할 수 있어야 한다. 그렇지 않으면 듣는 사람은 당신의 나쁜 감정까지 다 받아내야 하는 '감정의 휴지통'이 되어 모멸감마저 느낀다.

사람들은 화가 나 있거나 속상한 일을 말할 때 그 상황이 다시 생각나서 쉽게 흥분하여 말이 격해진다. 그 상황은 상대방에게 말한 것이 아님에도 불구하고 듣는 사람은 묘하게 자신을 향해 그렇게 말한다고 느낀다. 나의 남편이 그랬듯이 아무리 가까운 관계라도 당신의 나쁜 감정까지 모두 수용하기는 힘들다는 것을 기억하라.

기분이 나쁘고 화가 치밀어 오를수록 당신의 감정을 다스리고 말해야 한다. 당신이 화가 날 때 화난 이유 10가지를 적어보자. 화가 더 나서 종이를 찢어 버릴 수도 있겠지만 그것도 자신의 감정 앞에 솔직한 모습이기에 괜찮다. 화난 이유를 적는 순간 화난 상황들이 떠오르고 억울함이 밀려올 것이다.

그때 눈을 지그시 감아 보기를 바란다. 조용한 음악을 들어도 좋고 욕조 안에 몸을 담그고 있어도 좋다. 가장 속상하고 힘든 나와 마주할 때 자신에게 이렇게 말을 걸어 보자.

"많이 힘들었지, 그런 일이 일어나지 않았으면 좋았을 텐데, 그 일은 나도 정말 유감이야."

그리고 자신을 두 팔로 꽉 안아주자. 두 팔의 체온이 당신에게 전해지는 순간 당신이 힘들고 억울한 만큼 두 눈은 뜨거워질 것이다. 눈물이 나고 어쩌면 마구 소리를 치고 싶어질 것이다. 그렇다면 소리 내어 울고 크게 외쳐라.

화의 감정도 당신의 목소리를 듣고 조금씩 누그러진다. 애써 화를 감추려고 하지 말고 잘 조절하라. 순간순간 찾아오는 감정을 알아차리고 당신의 감정을 잘 표현하여 보자. 감정 역시 당신이 잘될 인생으로 가는 데에 함께 갈 녀석이다.

| 화난 자신에게 말하는 방법 |
| --- |
| 많이 힘들지<br>그 일은 안 일어났으면 좋았을 텐데<br>정말 유감이야 |
| 화의 감정 전하는 방법 |
| 속상한 감정은 빼기 + 속상한 상황만 말하기 |

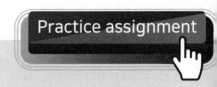

▶ 최근 자신을 화나게 한 사건은 무엇이었나요?

▶ 그때의 감정은 어떤 것이었나요?

▶ 화난 자신을 위로해 줄 수 있는 나만의 방법은 무엇인가요?

▶ 속상한 감정을 빼고 그때의 상황만 자신에게 말해주세요.

## 2-06
## 말보다 앞질러 가는 감정

강사가 처음 되었을 때 전문가다운 목소리를 가지기 위해 예전의 말을 바꾸어야 했다. 강의를 하는 내 목소리를 녹음하여 친한 동료에게 피드백을 부탁하였는데 동료는 탐탁하지 않게 생각했다. 표준말 구사를 위한 나의 열정이었지만, 동료의 눈에는 그런 나의 모습이 욕심으로 비쳤었던 거 같다.

'난 잘해 보려고 한 것뿐인데.'

마음이 상한 나는 그 후로 동료에게 말에 대한 피드백을 부탁하지 않았다. 결국 대화 없는 서먹한 관계가 되고 말았다.

생텍쥐페리의 ≪어린 왕자≫에 이런 글귀가 나온다.

"세상에서 가장 어려운 일이 뭔지 아니?"

"흠… 글쎄요, 돈 버는 일? 밥 먹는 일?"

"세상에서 가장 어려운 일은 사람이 사람의 마음을 얻는 일이란다. 각각의 얼굴만큼 다양한 각양각색의 마음을 순간에도 수만 가지의 생각이 떠오르는데 그 바람 같은 마음이 머물게 한다는 건 정말 어려운 거란다."

살면서 내 마음 같은 사람을 만나기는 쉽지 않다. 애당초 '그런 사람은 없다'라고 생각하는 편이 낫다. 인간관계에서 부정적인 감정이 쌓이면 감정을 다스리며 말하기가 어려워진다. 설사 말하지 않더라도 상한 감정이 얼굴과 행동으로 고스란히 드러난다. 말하기도 전에 상대방에게 불쾌함을 주게 된다.

말보다 앞질러 가는 감정을 잘 관리해야 한다. 감정을 추스르지 못한 채 말하면 아픈 감정이 먼저 말하기 때문에 건강한 말을 할 수가 없다.

상한 감정을 가진 채 말하다 보면 관계가 더 꼬이게 된다. 말로 해명하거나 다른 사람을 바꾸려고 하지 말고 상한 자신의 감정부터 관리하자.

프랑스 철학가 알랭은 "감정적인 문제를 해결하는 근본은 불편한 감정의 진짜 원인을 파악하는 일이다."라고 말했다.

감정의 진짜 원인을 알려면 먼저 자신의 감정을 이해해야 한다.

예일대 교수 마크 브래킷의 '무드 미터MOOD METER'로 감정을 인식하고 측정해 보자. 무드 미터는 사람이 경험하는 감정을 정리하여 감정을 설명하고 측정하는 도구다.

셀프 감정진단법으로 감정을 진단하여 보자. 먼저 무드 미터 속에 있는 지금 당신의 감정은 무엇인가? 감정의 이름을 찾아보자.

예) "지금 나의 감정은?"
→ **"거슬리는** 이야."

왜 그 감정이 생겼는지 스스로 질문하고 자신이 진심으로 원하는 마음욕구이 무엇인지 알아차려 보자.

예) "왜 그 감정이 생겼어?"
→ "그 사람이 나한테 하는 말이 싫어."

자신의 감정을 잘 이해했다면 자신이 원하는 말과 행동이 될 만한 감정을 선택하여 말해보자.

예) "지금 필요한 감정은 뭐야?"
→ "그 사람이 그러거나 말거나 신경 안 쓰는
**속 편한 감정**이 되고 싶어."

자신의 감정을 진단한 후 불편한 감정을 안아주고 필요한 감정으로 말해보자.

예) "**거슬리는 감정**이었구나, 지금은 좀 힘들겠지만,
점점 **속 편한 감정**이 될 거야."

당신의 감정을 관리하라. 당신은 말의 주인이자 감정의 주인이다. 자신의 감정을 제대로 조절할 줄 알아야 관계에서 오는 묘한 감정들과 갈등에서 벗어날 수 있는 말을 할 수 있다.

매일 자신의 감정의 이름을 불러 주고 필요한 감정을 말해보자.

자주 감정을 안아주고 격려하라. 부정적인 감정만이 아니라 긍정적인 감정도 감정의 이름을 부르고 더 필요한 감정으로 말하라. 감정을 이해하고 발전하고자 하는 욕구는 쾌적하고 활력이 높은 에너지로 힘이 나게 한다.

# MOOD METER

| | | | | |
|---|---|---|---|---|
| 격분한 | 공황에 빠진 | 스트레스받은 | 초조한 | 충격받은 |
| 격노한 | 몹시 화가 난 | 좌절한 | 날카로운 | 망연자실한 |
| 화가 치밀어 오른 | 겁먹은 | 화난 | 초조한 | 안절부절 못하는 |
| 불안한 | 우려하는 | 근심하는 | 짜증 나는 | 거슬리는 |
| 불쾌한 | 골치 아픈 | 염려하는 | 불편한 | 언짢은 |
| 역겨운 | 침울한 | 실망스러운 | 의욕 없는 | 냉담한 |
| 비관적인 | 시무룩한 | 낙담한 | 슬픈 | 지루한 |
| 소외된 | 비참한 | 쓸쓸한 | 기죽은 | 피곤한 |
| 의기소침한 | 우울한 | 뚱한 | 기진맥진한 | 지친 |
| 절망한 | 가망 없는 | 고독한 | 소모된 | 진이 빠진 |
| 놀란 | 긍정적인 | 흥겨운 | 아주 신나는 | 황홀한 |
| 들뜬 | 쾌활한 | 동기 부여된 | 영감을 받은 | 의기양양한 |
| 기운 넘치는 | 활발한 | 흥분한 | 낙관적인 | 열광하는 |
| 만족스러운 | 집중하는 | 행복한 | 자랑스러운 | 짜릿한 |
| 유쾌한 | 기쁜 | 희망찬 | 재미있는 | 더없이 행복한 |
| 속 편한 | 태평한 | 자족하는 | 다정한 | 충만한 |
| 평온한 | 안전한 | 만족스러운 | 감사하는 | 감동적인 |
| 여유로운 | 차분한 | 편안한 | 축복받은 | 안정적인 |
| 한가로운 | 생각에 잠긴 | 평화로운 | 편한 | 근심 걱정 없는 |
| 나른한 | 흐뭇한 | 고요한 | 안락한 | 안온한 |

출처 ≪감정의 발견≫

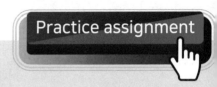

▶ 셀프 감정 트레이닝

1) 무드 미터를 보고 자신의 감정을 말해주기

   a. 현재 나의 감정은 무엇인가요?

   b. 나는 어떤 감정을 보고 싶지 않나요?

2) 필요한 감정 알아차리기

   a. 나는 어떤 감정을 가지고 싶나요?

   b. 나에게 필요한 감정은 무엇인가요?

   c. 다른 사람에게서 받고 싶은 감정은 무엇인가요?

## 3) 긍정적인 감정의 이름들을 자주 말해 보세요

| | | | | |
|---|---|---|---|---|
| 놀란 | 긍정적인 | 흥겨운 | 아주 신나는 | 황홀한 |
| 들뜬 | 쾌활한 | 동기 부여된 | 영감을 받은 | 의기양양한 |
| 기운 넘치는 | 활발한 | 흥분한 | 낙관적인 | 열광하는 |
| 만족스러운 | 집중하는 | 행복한 | 자랑스러운 | 짜릿한 |
| 유쾌한 | 기쁜 | 희망찬 | 재미있는 | 더없이 행복한 |
| 속 편한 | 태평한 | 자족하는 | 다정한 | 충만한 |
| 평온한 | 안전한 | 만족스러운 | 감사하는 | 감동적인 |
| 여유로운 | 차분한 | 편안한 | 축복받은 | 안정적인 |
| 한가로운 | 생각에 잠긴 | 평화로운 | 편한 | 근심 걱정 없는 |
| 나른한 | 흐뭇한 | 고요한 | 안락한 | 안온한 |

지금 당장 뭔가 되어 있지 않다고 조급할 필요는 없다.
좀 느리고 답답한 나일지라도 초조하지 않으면서
타인과 비교하지 않는 여유 있는 말로
걱정 울타리에서 벗어나자.

# design ③

## 잘될 운을 부르는 말의 전략

·

자신감 있는 말하기에 대하여

### 3-01
## 좋은 목소리로 바꾸는 3단계

어릴 때 라디오에서 드라마를 들은 적이 있는데 그때 성우의 목소리는 신기하였다. 귀로만 듣는 목소리임에도 불구하고 성우의 목소리에 따라 그 사람의 직업과 성격을 상상할 수 있었기 때문이다. 한때 TV로 봤던 만화 〈짱구는 못말려〉의 더빙 역시 인물들의 캐릭터를 목소리로 알 수 있어 재미있었다.

뉴욕주립대 레이먼드 헌트 교수는 사람의 목소리를 듣고 그의 성격과 기질을 판단하는 실험을 했다고 한다. 실험 참가자들에게 목소리를 들려주고 그가 어떤 성격의 사람인지를 판단하게 했더니 그들은 목소리만 듣고도 그 사람의 기질을 정확하게 판단할 수 있었다고 한다. 하버드대학에서도 청중의 80% 이상이 목소리만 듣고도 상대의 신체와 성격을 규정지을 수 있었다고 하니 목소리에 신경 써야 할 이유가 여기에 있다.

사람들의 목소리는 천차만별이다. 쉰 목소리, 카랑카랑한 목소리, 코 맹맹한 목소리, 애교 있는 목소리 등 다양하게 구분된다. 미국 의사소통 분석업체의 연구에 따르면 말하는 사람에 대한 평가에서 목소리가 차지하는 비율은 23%, 메시지 내용은 11%라고 한다. 목소리가 메시지보다 최대 2배 이상 중요하게 나타난 이 결과로 목소리는 상대방의 호감을 사거나 설득하는 데 가장 매력적인 무기임을 알 수 있다.

목소리는 사람이 숨을 들이쉴 때 공기가 폐로 들어간 후 숨을 내쉴 때 공기가 기도를 통해 나오면서 성대를 진동시키고 공명되어 구강과 비강을 통해 밖으로 나오게 되는 원리로 만들어진다.

| 목소리가 만들어지는 원리 |
| --- |
| 호흡 - 성대진동 - 공명 - 목소리 |

말을 할 때 가장 좋은 목소리는 어떤 목소리일까? 그것은 바로 상대방에게 의미가 정확하게 잘 전달되는 자신감 있

는 목소리이다.

면접관과 토론 심사위원으로 참여하여 사람들의 말을 듣다 보면 자신 있게 말하는 사람에게 끌린다. 아무리 좋은 성공담을 들려주고 근거가 있는 논리적인 말을 한다고 하더라도 자신감이 없는 목소리는 채용이나 업체와의 미팅과 토론장에서 아쉬움을 준다.

목소리에 자신감을 가지려면 3가지를 바꿔야 한다.

**첫째, 호흡법을 바꾸어야 한다.**

보통 사람들은 목에서 나오는 소리로 말을 한다. 이런 경우 목소리가 크지 않고 사람들 앞에서 긴장되면 쉽게 떨리고 갈라지는 목소리를 내게 된다.

복식호흡은 몸에 힘을 빼고 가슴이 움직이지 않도록 한 후 코로 숨을 들이마신다들숨. 그러면 아랫배가 불룩하게 나온다. 이때 입으로 '스'라고 하며 들이마신 호흡을 내뱉는다날숨. 그리고 불룩하게 나왔던 배를 천천히 집어넣는다. 마치 풍선에 바람이 가득 차 있는 부분을 누르면 입구로 바람이 세게 빠져나가듯이, 배 안에 든 호흡을 끝까지 등 쪽으로 넣는다. 들숨과 날숨을 이용한 복식호흡으로 말하면 힘 있는 좋은 목소리가 된다.

**둘째, 입 안 속 공기의 흐름을 바꾸자.**

입 안 속 공기의 흐름을 의식하면서 말해 보자. 예를 들어 "안녕하세요"라고 말할 때 입 안의 공기를 머금지 않고 입 밖으로 내보낸다. 마치 만화에 나오는 용의 입에서 불이 하~하고 뿜어져 나오는 것처럼 입 안 속 공기를 입 밖으로 내보내며 말한다.

공기가 입 밖으로 나간다는 것을 의식하면서 말하자. 당신의 목소리는 멀리 포물선을 그리면서 시원하게 나오고 큰 목소리로 들리게 된다.

**셋째, 입 모양을 크게 바꾸자.**

사람들은 자기 말에 확신이 없을 때 입을 크게 벌리지 않고 우물거리며 대충 말을 한다. 자신감 있는 목소리는 입 모양부터 다르다. 하품할 때 크게 입을 벌리는 것처럼 당신의 입을 하품하듯이 크게 벌려보자. 하품 입 모양을 유지한 상태에서 늘 말하기는 어렵겠지만, 의식하면서 말을 하면 밝은 인상을 주고 자신감 있는 목소리가 된다.

하루아침에 좋은 목소리를 만드는 것은 어렵지만 매일 3분씩 꾸준히 연습을 하면 반드시 당신의 목소리에도 자신감이 생긴다.

좋은 목소리는 당신을 신뢰하는 사람을 늘어나게 하고, 잘될 운을 부르는 말의 첫 번째 전략이 될 것이다.

<　좋은 목소리로 바꾸는 3단계　>

| |
|---|
| **1단계 : 호흡법 바꾸기**<br>    (목에서 복식호흡으로) |
| 코로 숨을 들이쉼과 동시에 배에 가득한 호흡을 내쉬며 말하기 |
| **2단계 : 입 안 속 공기의 흐름 바꾸기**<br>    (입속 공기를 입 안에서 입 밖으로 보내기) |
| 용의 불이 포물선으로 쭉쭉 뽑아내듯 말하기 |
| **3단계 : 입 모양 크게 바꾸기**<br>    (작은 입 모양에서 큰 입 모양으로) |
| 하품 입 모양을 만들어 말하기 |

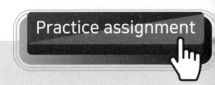

▶ 좋은 목소리 만들기

1) 하루 세 번 복식호흡에 도전하고 체크 표시해 보세요.
코로 숨을 들이쉼과 동시에 배에 가득한 호흡을 위의 초만큼 내쉬기

| 날짜 | 아침 | 점심 | 저녁 |
|------|------|------|------|
|      | 10초 | 20초 | 30초 |
| 1일 차 |  |  |  |
| 2일 차 |  |  |  |
| 3일 차 |  |  |  |
| 4일 차 |  |  |  |
| 5일 차 |  |  |  |
| 6일 차 |  |  |  |
| 7일 차 |  |  |  |

### 3-02
## 운을 플러스하는 정확한 발음

어느 날 카페에서 커피를 주문하고자 줄을 서고 있었다. 한 손님이 커피를 들고 와서 직원에게 뭔가를 주문하자 직원은 이해를 못 했다는 표정을 지으며 이렇게 말했다.

"네? 손님 다시 한번 말씀해주시겠어요?"

그러자 손님은 들고 있는 커피를 가리키며 이렇게 말했다.

"어듬 도금 더 너어 두시게 더요?"

이 말을 해석하면 "얼음 조금 더 넣어 주시겠어요."이다.

잠시 후 직원은 고개를 끄덕이며 손님의 커피에 얼음을 넣어 주고 있었지만, 손님의 발음은 말을 가르치는 나로서는 안타까운 모습이었다.

발음이 좋지 않은 사람은 자신의 발음이 틀렸다는 것을 잘 인지하지 못한다. 자신의 잘못된 발음에 오랜 시간 동안 익숙해져 있기 때문이다.

정확한 발음은 당신의 운을 좋게 만드는 요소로 작동된다. 하고자 하는 바와 원하는 것을 정확하게 말로 전달하여 말의 결과를 만들기 때문이다. 정확한 발음은 당신을 똑똑하고 명확한 사람으로 보이게 한다. 대표적인 예로 아나운서가 그러하다. 아나운서는 정확한 발음으로 뉴스를 전달한다. 그들은 시청자들에게 정확한 정보전달을 하기 위해 발음을 교정하는 훈련을 매일 한다고 한다.

아나운서처럼 정확한 발음을 만드는 방법 3단계를 소개하겠다.

### 1단계 : 혀를 충분히 풀고 말하기

당신의 발음이 아주 좋지 않다면 전문가의 도움을 받아 발음을 교정받아야겠지만, 보통의 경우 혀를 충분히 풀어주고 말하는 습관만으로도 발음이 정확해진다.

그 방법은 조음기관에 속하는 혀를 입 안에서 동그랗게 말고 입 밖으로 길게 빼 준다. 혀를 시계방향과 반대 방향으로 돌려준 후 "따르릉, 똑딱똑딱"이라고 말하고 혀로 소리를 낸다. 그리고 말소리가 나는 혀의 위치를 정확하게 놓으면서 말하면 발음은 정확하게 들린다.

## 2단계 : 모음을 정확하게 말하기

예로 "안녕하세요?"의 글을 읽을 때 모음(ㅏㅕㅏㅔㅛ)을 먼저 정확하게 말한 후 "안녕하세요?"라고 말한다. 책이나 신문, 인터넷 기사의 한 문장을 선택하여도 된다. 이처럼 문장의 모음을 먼저 읽은 후 문장을 읽으면 모음들이 눈에 들어오기 시작하면서 발음에 신경 쓰게 된다.

## 3단계 : 말 속도 조절하기

말의 속도로 말하는 사람의 성격과 긴장도를 알 수 있다. 빨리 말을 하는 사람은 말을 빨리 끝내버리기 때문에 성격이 급해 보이고 내용 전달이 정확하지 않다. 이런 사람은 자신이 하는 말의 단어를 중간마다 여유를 두고 끊어서 말하는 연습이 필요하다. 말 속도가 느린 사람은 말의 내용은 이해되지만, 지루하고 답답함을 주므로 하고자 하는 말 뒤의 단어를 조금 빨리 당겨서 말하는 습관을 들이면 말 속도를 개선할 수 있다.

이 밖에도 당신 스스로 핸드폰에 속담이나 명언과 좋아하는 구절을 녹음한 후 자신의 목소리를 들으면서 틀리는 발음을 찾아보아도 된다. 또 발음이 좋은 아나운서의 말을 자주 듣고 따라 해보자. 발음이 정확하지 않은 사람은 자신의 발음 중 어느 발음이 틀리는지 잘 모른 채 평소 말하던 습관대로 말하기 때문에 꼭 전문가의 도움을 받아 잘못된 발음을 해결하기를 바란다.

정확한 발음은 말하는 사람을 깔끔한 사람으로 보이게 한다. 군더더기 없는 발음으로 당신의 말을 선명하게 하자. 맑은 발음이 좋을수록 당신에게 좋은 운을 정확하게 전달한다.

당신의 정확한 발음은 자신감을 얻을 수 있는 말의 두 번째 전략이 될 것이다.

<정확한 발음의 3단계>

| 1단계 : 혀를 충분히 풀기 |
|---|
| 따르릉, 똑딱똑딱, 혀 돌리기, 혀 말아 풀어주기 |
| 2단계 : 모음을 정확하게 말하기 |
| 글자의 모음을 먼저 읽은 후 문장을 읽기 |
| 3단계 : 말 속도 조절하기 |
| 단어 끊어 말하기, 단어 당겨 말하기 |

▶ 정확한 발음을 위한 읽기 자료

1) 이중모음과 여러 받침을 연습할 수 있는 문장으로 혀의 유연성을 기르자.

콩깍지
들의 콩깍지는 깐 콩깍지인가 안 깐 콩깍지인가
깐 콩깍지면 어떻고 안 깐 콩깍지면 어떠냐
깐 콩깍지나 안 깐 콩깍지나 콩깍지는 다 콩깍지인데

팥죽 깨죽
앞집 팥죽은 붉은 팥 풋 팥죽이고, 뒷집 콩죽은 햇콩 단콩 콩죽
우리 집 깨죽은 검은깨 깨죽인데
사람들은 햇콩 단콩 콩죽 깨죽 죽 먹기를 싫어하더라

초코칩 쿠키
안 촉촉한 초코칩 나라에 살던 안 촉촉한 초코칩이 촉촉한 초코칩 나라의 촉촉한 초코칩을 보고 촉촉한 초코칩이 되고 싶어서 촉촉한 초코칩 나라에 갔는데 촉촉한 초코칩 나라의 문지기가 '넌 촉촉한 초코칩이 아니고 안 촉촉한 초코칩이니까 안 촉촉한 초코칩 나라에서 살아'라고 해서 안 촉촉한 초코칩은 안 촉촉한 초코칩 나라로 돌아갔다

## 3-03
# 기대감을 주는 말의 멈춤

　고등학생 때의 일이다. 수업 시간에 담임선생님이 교실로 들어오셨는데도 친구들은 계속 서로 이야기하고 있었다. 선생님은 몇 번이나 친구들에게 조용히 하라고 하셨다. 하지만 조용해지지 않자 선생님은 갑자기 목소리에 힘을 주며 나지막하게 "여러분"이라고 말씀하셨다. 그러자 교실은 순식간에 조용해졌고, 선생님은 다음 말을 이어 갈 수 있었다.

　스피치에서 말의 멈춤은 말과 말 사이를 멈춤으로써 자기 말을 돋보이게 하는 전략이다. 퍼지Pause라고도 불리는 말의 멈춤은 중요한 말 앞에서 살짝 뜸을 들인다. 마치 밥을 지을 때 뜸을 들이지 않으면 쌀이 설익어 맛이 없듯이 멈춤을 사용하지 않는 말은 설익은 밥과 같다.

　말의 멈춤은 말하는 사람의 말 속도를 조절하여 듣는 사람에게 감정이입을 하게 한다. 중요한 단어 앞에서 나타내기도 하고 궁금증을 불러일으키거나, 내용의 반전을 주고 싶을 때 주로 사용한다.

말의 멈춤은 빨간색 신호등과 같은 역할을 한다. 도로에서 운전할 때 빨간색 신호등이 켜지면 브레이크를 밟고 잠시 멈춘다. 그리고 초록 불로 바뀌면 서서히 앞으로 주행하듯이 말의 멈춤은 빨간색 신호등일 때 하는 말을 잠시 멈추어야 한다.

말을 멈추는 속도는 한 박자 / 두 박자 // 세 박자 ///로 나눌 수 있다. 멈춘 뒤에 오는 말을 중요한 말로 강조하고 싶다면 두 박자 //와 세 박자 ///로 멈추면 된다. 그렇다고 해서 지나치게 오랫동안 멈추면 듣는 사람에게 지루함을 줄 수 있다.

말의 자신감이 없는 사람일수록 말의 멈춤을 지혜롭게 사용하면 숨 돌릴 틈 없이 빠르게 말하는 사람보다 훨씬 여유 있어 보인다. 또 자신의 이야기에 사람들을 참여시키는 계기가 되어 서로 소통하는 대화로 이끌어 갈 수 있다.

백무산 시인의 〈정지의 힘〉이란 시가 있다. 이 시는 멈춤과 정지에 대해 생각하게 한다. 이 시를 멋지게 낭독하려면 쉼표가 표시되어 있는 부분에서 잠시 멈췄다가 다시 읽어가야 한다.

당신도 이 시를 읽으면서 말을 멈추었을 때 드러나는 말의 강조와 여유를 느껴 보기를 바란다. 당신이 강조하고 싶은 부분이 있다면 두 박자 //를 표시하고, 길게 여운을 주고 싶다면 세 박자 ///를 표시하여 읽어 보자.

---

### 정지의 힘

기차를 세우는 힘, 그 힘으로 기차는 달린다.
시간을 멈추는 힘, 그 힘으로 우리는 미래로 간다.
무엇을 하지 않을 자유, 그로 인해 무엇을 해야 할 것인가를 안다.
무엇이 되지 않을 자유, 그 힘으로 나는 내가 된다.
세상을 멈추는 힘, 그 힘으로 우리는 달린다.
정지에 이르렀을 때, 우리는 달리는 이유를 안다.
씨앗처럼 정지하라, 꽃은 멈춤의 힘으로 피어난다.

---

다음은 한 줄의 짧은 자기소개 인사말이다.

"안녕하세요? ○○○입니다. 만나서 반갑습니다."

어딜 가나 처음 만나는 자리에서 자신을 소개해야 할 일이 있다.

그때 어색해하지 말고 말의 멈춤을 살려 보자. 짧은 이 문장에 자신의 이름을 넣고 말의 멈춤을 살려 다시 읽어 보자. 말의 멈춤이 주는 느낌을 알기 위해 박자 표시를 넣어 말하면 이런 느낌이다.

"안녕하세요? /○○○입니다. /만나서 반갑습니다."//

'안녕하세요?' 말한 후 한 박자 /를 멈추면 뒤에 오는 당신의 이름 ○○○이 강조되게 들린다. 또 "○○○입니다."라고 말한 뒤 한 박자 /를 멈추면 뒤에 오는 만나서 반갑습니다가 강하게 들린다. 이처럼 말의 멈춤은 다음에 오는 말을 강조하고, 이어지는 말을 명확하게 들리게 한다.

다시 한번 말을 멈추면서 말해 보라. 빠르게 말하지 말고 잠시 멈춰서 말을 이어갈 때 말의 실수도 줄어든다. 말은 멈출수록 중요하게 여겨지고 다음 말의 기대감을 주기 때문에, 세 번째 말의 전략으로 사용할 때 당신의 말은 빛이 날 것이다.

▶ 다음의 글을 말의 멈춤을 살려 강조해서 읽어 보세요.

나는 돌덩이

뜨겁게 지져봐라
나는 움직이지 않는 돌덩이

거세게 때려봐라
나는 단단한 돌덩이

깊은 어둠에 가둬봐라
나는 홀로 빛나는 돌덩이

부서지고 재가 되고 썩어 버리는
섭리마저 거부하리

살아남은 나
나는 다이아

— 웹툰드라마 <이태원클라쓰> 중에서

## 3-04
# 상대방의 귀에 꽂히는 숫자

한때 화제의 드라마 〈SKY캐슬〉의 OST We all lie는 내 귀에 딱 꽂히는 음악이었다. 전주와 사이사이에 들어있는 간주, 특히 가장 높은 음에 치닫는 절정 부분은 음악만 들어도 드라마 SKY캐슬이 생각난다. 특히 We all lie 부분을 들으면 "어머니 전적으로 저를 믿으셔야 합니다."라는 말이 들리는 거 같다.

말을 할 때도 상대방에게 딱 꽂히게 하는 무언가가 필요하다. 사람들은 조금이라도 긴말을 들으면 결론부터 말해보라고 하거나 핵심은 무엇이냐고 묻는다. 말하는 사람의 말이 지루하다 싶으면 듣는 척만 하고 이내 핸드폰을 들여다보기 일쑤다.

독일의 철학자 쇼펜하우어는 이렇게 말했다.

"정리하지 않고 말하는 것은 듣는 청자의 머릿속을 혹사하는 행위이다."

뇌 과학자의 연구에 따르면 사람은 새로운 정보를 받아들일 때 그 정보의 개수에 따라 두뇌활동의 향상이 달라진다고 한다. 뇌는 수용해야 할 정보가 2개일 때 활발하게 움직이다 정보가 4개로 늘어나면 과부하 상태가 된다고 한다. 아무리 좋은 설교도 20분이 넘어가면 집중하기 어려운 이유가 여기에 있다.

사람들을 설득하려면 말을 정리하는 습관이 필요하다. 이 습관은 '숫자 3'으로 만들 수 있다. 숫자 3은 당신의 말을 단순화시키고, 핵심 메시지를 전달하므로 설득력이 있게 한다.

한 실험에 따르면 건널목을 지나가는 한두 명의 사람이 하늘을 바라볼 때는 주변 사람들의 반응이 없었지만, 같은 공간에서 세 명이 하늘을 올려다보자 주변 사람들이 걸음을 멈추고 같은 방향의 하늘을 바라보았다고 한다. 우리나라에서 조직의 기관장, 국회의원, 대통령이 주요 사항을 의결한 후에 반드시 의사봉을 세 번 두드리며 종결하는 것도 숫자 3이 사람들을 설득하는 데 안성맞춤이기 때문이다.

말하고자 하는 내용을 서론, 본론, 결론의 3가지로 나누는 것부터 시작하자.

서론의 오프닝에서 주제를 말하고 본론에서는 주제와 관련된 핵심 메시지를 말한다. 결론에서는 지금까지 말한 내용을 요약 정리하여 마무리를 짓는다. 좀 더 길게 말해야 하거나 구체적인 표현을 하고 싶을 때는 본론에서 숫자 3을 다시 이용하여 말한다.

"오늘 본론에서 상세하게 알려드릴 사항은 이 세 가지입니다."

이렇게 말하면서 세 가지를 첫째, 둘째, 셋째로 다시 쪼개어 말한다. 그리고 준비한 근거와 통계, 사례를 들어 말하면 상대방은 당신에게 설득되고 만다. 이 방법은 당신이 사람들을 설득하고자 할 때 어디서든 통하는 방법이다.

만약 당신이 고객에게 상품을 파는 직원이라고 가정할 때도 숫자 3은 적용된다. 상품의 좋은 점은 전제 주제가 된다. 고객에게 말하고자 하는 상품의 좋은 점전제 주제에 맞춰 핵심 메시지를 세 가지로 나누어 말한다.

"이 상품의 좋은 점은 이것입니다."

"첫째 ~입니다, 둘째 ~입니다, 셋째 ~입니다."

이렇게 좋은 점을 구체적으로 쪼개서 말한다.

일상의 대화에서도 당신이 말을 할 때 숫자 3을 이용하여 짧게는 3초, 길게는 3분으로 말하는 습관을 들이자. 숫자 3으로 쪼개고 나눠서 말하면, 말을 하는 당신의 머릿속부터가 깔끔하게 정리된다. 말의 길이가 길든 짧든 숫자 3으로 말하는 것은 듣는 사람의 귀에 팍팍 꽂히는 말이 되고 빠른 이해를 돕는다.

숫자 3은 당신의 자신감 있는 말하기 실력을 높여줄 세 번째 전략이 될 것이니 꼭 기억하기 바란다.

### < 숫자 3으로 말하기 >

| 1) 서론 본론 결론 세 가지로 쪼개기 |
| --- |
| 2) 본론에서 알려드릴 내용은 이 세 가지입니다<br>　첫째, ~입니다.<br>　둘째, ~입니다.<br>　셋째, ~입니다. |
| 3) 일상대화의 숫자 3<br>　짧게 3초, 길게 3분 말하기 |

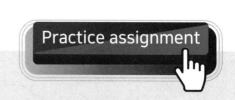

▶ 숫자 3으로 원고를 만들고 읽어 보세요.

## 3-05
## 딱 한 마디로 설득하기

인생을 살면서 말로 평가받을 때가 많다. 말을 잘하는 사람들은 소소한 대화에서부터 면접, 발표, 프레젠테이션, 회의를 비롯한 어떤 자리에서든 말하는 것을 즐기면서 자신을 어필시키고 인정받는다. 하지만 말을 잘하지 못하는 사람은 될 수 있으면 말하는 자리를 피하고 싶고, 자신이 말할 차례가 되면 더 두렵다.

최근 간담회에서 한 선생님은 이렇게 말했다.

"제가 오늘 코로나 예방 백신을 맞고 왔는데, 백신 맞을 때보다 지금이 더 떨리네요."

두려움fear은 실제처럼 보이는 가짜 증거다. 사람들이 두려움을 가장 많이 느낄 때는 죽음과 사람들 앞에서 말하는 순간이라고 한다. 죽음은 피할 수 없지만, 말은 노력에 따라 달라질 수 있다.

어느 날 면접을 준비하는 30대 후반의 공무원이 찾아왔다. 그는 자신이 면접에 떨어졌던 예전의 순간을 이렇게 말했다.

"면접관이 '자기소개 해 보실까요?'라고 묻는 순간 이상하게도 준비한 말이 하나도 떠오르지 않고, 시간 안에 답변도 하지 못해서 속상했어요."

사람들 앞에서 주목받고 말로 평가받는 자리는 누구나 두렵다. 더욱이 불합격의 경험은 '이번에는 꼭 합격해야 하는데, 이번에 또 떨어지면 어떡하지?'라는 생각과 함께 기회를 놓치고 싶지 않은 생각이 두려움으로 작용한다.

하지만 면접관은 당신의 두려움은 신경 쓰지 않는다. 다만 당신이 조직에 어울리는 사람임을 증명하는 '딱 한마디'를 기대하고 집중해서 듣고 있다. 그러니 끝까지 용기를 잃지 말고 당신만의 이야기를 실패와 성공 경험을 연결하고 당신을 어필하는 한마디를 준비하길 바란다. 그리고 떨리면 "제가 긴장되면 잘 떠는데 오늘은 더 떨립니다."라고 솔직하게 말해보자. 떨리는 것을 애써 감추는 것보다 낫다. 떨리는 감정을 솔직하게 말하는 순간 당신의 긴장도 덜해진다. 질문을 놓쳤을 때는 "한 번 더 질문해 주시겠습니까?"라고 여유 있는 말도 미리 연습해보자.

최근 SBS에서 국가발전 프로젝트 〈아이디어리그〉를 방송했다. 참가자의 아이디어가 채택되면 큰 상금을 받고 아이디어가 현실화하기에 참가자들은 60초 동안 잘 피칭하여야 했다. 2라운드를 걸쳐 최고의 아이디어를 선택한 아이디어 캐처인 국내 정상급 기업인은 심사 소감을 이렇게 말했다.

"먼저 탈락한 참가자들의 말은 공감이 안 되거나 문제를 어떻게 풀어갈 것인가에 대한 설명이 부족했다."

아이디어 캐처들은 많은 설명보다 관심을 끄는 주제와 문제해결을 담은 참가자들의 설득력 있는 말을 기대하고 있었다.

미국 컬럼비아경영대학원에서는 식료품 판매장에 잼 샘플 가지 수에 따른 사람들의 선택을 실험했다. 실험 결과 잼 24가지를 진열했을 때는 방문객 60%가 맛을 보고 3%가 잼을 구매했고, 잼 6가지를 진열했을 때는 방문객 40%가 맛을 봤지만 30%가 구매를 결정했다고 한다. 이는 잼의 가지 수가 많다고 사람들이 선택하는 것이 아님을 알 수 있는 실험이다.

당신의 말이 상대방에게 선택되려면 장황한 설명보다는 당신이 하고자 하는 '딱 한마디'가 필요하다. 딱 한마디는 당신이 하고자 하는 말의 핵심이고 결론이다. 당신이 한마디로 정의하여 말할 때 근거와 이유를 들어 말하면 당신의 딱 한마디는 보충되고 강해진다. 그리고 제한된 시간 안에 말하는 연습을 해 보자. 처음은 30초로 시간을 맞추어 놓고 말한다. 이것이 잘 되면 서서히 60초로 시간을 늘려가면서 시간 안에 말하는 연습을 하는 것이다.

말의 두려움 대신 설득력으로 당신의 인생을 채우자. 뾰족한 화살이 과녁판에 명중하듯 이미 준비한 '딱 한마디'는 말하는 순간 선택된다. 당신의 딱 한마디는 말의 두려움을 떨쳐버리게 하고 당신을 강하게 한다. 설득력을 갈고 또 갈아 인생의 과녁판에 날려보자. 명중한다. 당신의 딱 한마디! 말로 평가받는 인생에서 최고의 전략이 될 것이다.

| 딱 한 마디로 말하기 |
| --- |
| 핵심이자 결론의 말 + 보충의 말(근거와 이유) |
| 시간을 제한하고 연습하기 |

▶ 딱 한마디로 말하기를 연습할 원고를 작성해 보세요.

▶ 위의 원고를 시간을 제한하여 말해 보세요.

| 첫 번째 연습 시간 | 두 번째 연습 시간 | 세 번째 연습 시간 |
|---|---|---|
|  |  |  |

## 3-06
## 말이 술술 풀리는 로그라인

　당신에게 '지금까지 먹어본 가장 맛있는 음식을 이야기해 주세요'라고 한다면 어떻게 말할 것인가? 초등학교 졸업식 때 온 가족과 먹은 중국집의 자장면 이야기에서부터 첫눈이 내리던 날 첫사랑과 함께 먹은 붕어빵 이야기 등 다양할 것이다.

　책 ≪아무튼 메모≫에 나오는 일화 속의 말 잘하는 선배는 이렇게 말했다.

　가장 맛있는 음식에 대해서는,

　"그러니까 그 일은 내가 감옥에 있을 때였어. 삶은 계란 두 알이 나오는 특별한 날…."

　자신의 잊을 수 없는 사랑에 대해서는,

　"당시 목포의 조폭들은 전남 일대로 세력을 뻗어가고 있었어. 그렇게 조폭의 세력권에 있던 한 아가씨가 있었는데…."

이렇게 이야기하면 사람들은 솔깃해한다. 하지만 지극히 평범한 우리는 이런 특별한 사연이 없는 데다, 전달마저 밋밋하여 말에 자신감이 생기지 않는다.

인생이 잘 풀리려면 사적 모임 어느 곳에서든 자신감 있는 말하기를 해야 한다.

말을 할 때 솔깃한 스토리텔링으로 지인들의 마음을 사로잡아야 한다.

당신의 이야기를 들을 때 사람들이 눈을 반짝거리며 이렇게 반응할 때 말의 자신감은 생겨난다.

"오~"

"정말?"

"진짜?"

가까운 지인들로부터 이런 반응을 얻으려면, 말할 때 기억 속의 사건을 시간의 흐름대로만 설명하려고 하면 안 된다. 어떻게 말을 해야 할지 먼저 생각하고 말하기 시작해야 한다.

로그라인logline이란 말이 있다. 바다의 항해사들이 길을 잃지 않으려고 지도에 금이나 줄로 항로를 그려놓은 일지를 가리킨다.

말을 할 때도 이처럼 항로를 이탈하지 않을 '말의 설계도'가 필요하다.

오늘날 로그라인은 영화나 드라마의 전체 줄거리를 한 줄로 요약한 핵심 문장으로 사용된다.

자신 있게 말을 잘하려면 장소와 대상에 따라 어울리는 당신의 말을 한 줄로 요약한 로그라인을 여러 개 준비해서 기억하고 있어야 한다.

먼저 평소에 자신 있게 말하기 위해서 말의 로그라인이 될 설계도를 구상해 보자.

'로그라인 설계도'는 도형에 당신이 하고자 하는 말을 다 적는 것이 아니라 핵심 키워드만 적는다는 것을 기억하자. 그 이유는 로그라인 설계도에 적혀있는 키워드로 말을 이어갈 수 있기 위함이고 문장을 다 써서 외우려고 하는 습관을 막기 위해서이다.

## 1단계 ☆
당신이 하고자 하는 말의 주제를 별 모양에 적는다. 예

를 든다면 오늘 날씨와 화제, 요즘 이슈 거리, 그리고 관심
사 등이다.

### 2단계 △

세모에 말의 첫 시작이 될 키워드를 적는다. 세모는 이야
기를 듣는 사람의 호기심을 자극하거나 사람들이 궁금해 할
이야기의 키워드를 적는다.

### 3단계 ○

동그라미에 구체적으로 전개할 키워드를 적는다. 동그라
미에서는 이야기를 본격적으로 해야 하므로 세부적으로 나
눠야 한다. 근거가 될 에피소드 등 다양한 이야기의 소재
가 되는 키워드를 분류해서 작은 동그라미에 나누어 적거
나, 더 추가해야 할 내용은 작은 원을 추가하여 키워드를
적는다.

### 4단계 ◁

이야기의 마지막이 될 핵심 키워드를 네모에 적는다. 네
모는 첫 번째 적었던 세모의 말도 포함된다는 것을 기억하
도록 하자. 결론 부분으로 꼭 전하고자 하는 말을 한 번 더

쐐기를 박는다는 느낌으로 말의 키워드를 반복해서 한 번
더 적는다.

로그라인 설계도

☆ - △ - ○ - ◩

로그라인 설계도를 작성한 후에 해야 할 일은 직접 키워
드를 연상하면서 말해 보는 것이다. 생각하고 연습할수록
당신의 말은 성장한다.

사람들 앞에서 말 때문에 기죽지 말자. 말을 잘하지 못하
는 것을 사람들이 알아볼까 봐 두려워하지 말자. 태어날 때
부터 말 잘하는 사람은 없다. 말에 자신이 없으면 자신감을
만들면 된다.

로그라인 설계도에 키워드를 적고 그것을 입으로 연습할
수록 당신의 말하기는 자신감으로 가득하게 된다. 그런 당
신의 인생은 잘 될 인생으로 달라진다.

▶ 로그라인 설계도 연습과제

1) 자신감을 키워줄 당신의 로그라인을 설계해 보세요.

2) 로그라인 설계도를 적용해 보세요. 대상을 적고 도형 아래에 주제-서론-본론-결론의 순서로 핵심 키워드를 적고 연습해 보세요.

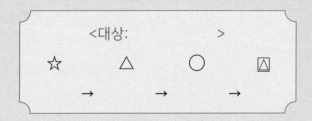

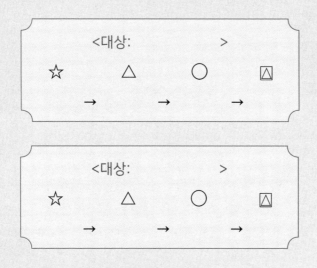

a. 하고자 하는 주제에 맞춰 키워드만 말해 보세요.


b. 키워드를 중심으로 문장으로 말해 보세요.


c. 로그라인 설계도만 보고 키워드를 연상하여 3분 동안 말해 보세요.

좋은 인상을 주는 사람은
자기 외모와 목소리를 잘 관리하는 사람이다.
그들은 현란하지 않은 세련된 제스처를 쓰고
밝은 표정과 힘 있는 목소리로 자신감이 가득 차 있다.

*design* **4**

# 설득을 높이는 비언어의 기술

●

## 매력적인 이미지로 설득력을 높이는 방법

## 4-01
# 디테일한 첫인상의 승부

스피치는 언어와 비언어로 나눈다.

언어는 당신이 하는 말이고 비언어는 목소리, 표정, 시선, 제스처, 자세 등을 비롯한 의사전달에 사용하는 언어 이외의 모든 상징을 말한다.

이 장에서는 설득을 높이는 비언어의 기술로 당신의 이미지를 매력적으로 만들고 당신의 설득력을 높여 보기를 바란다.

스물네 살 되던 봄에 기타를 치고 있는 한 사람을 만났다. '자상하다'라는 첫인상을 받았는데, 몇 달 뒤 수련회에서 그를 다시 만났다. 친한 관계가 아니었는데 식당에서 줄서고 있는 내게 수저를 챙겨주는 모습 역시 자상하였다. 그 첫인상은 몇 년이 지났음에도 오롯이 기억나는 내 남편의 모습이다.

첫인상은 사람을 처음 볼 때 느껴지는 이미지로 찰나의 순간에 외모가 80%로 영향을 미친다고 한다. 미국 뇌 과학자 폴 왈렌의 연구에 의하면 인간의 뇌는 0.1초도 안 되는 짧은 순간에 상대방에 대한 호감이나 신뢰 여부를 판단한다고 한다.

당신의 첫인상은 어떠한가?

심리학자 메긴슨의 주장에 따르면 첫인상에서 주는 호감은 심리적 계약으로 발전하여 신뢰를 형성한다고 한다. 하지만 거부감을 주면 계약 발전에 실패하여 관계가 정지된다고 한다.

취업 전문 포털 잡 코리아의 조사에 따르면 기업 인사 담당자의 약 70%는 지원자의 첫인상을 보고 면접에서 감점 처리를 한 적이 있다고 밝혔다.

때때로 첫인상에서 좋은 외모의 사람이 시간이 지날수록 비호감 형으로 바뀌는 때도 있다. 반대로 첫인상은 별로였지만 시간이 갈수록 '알고 봤더니 그 사람 참 진국이야'라고 생각하게 하는 의외의 호감형인 사람도 있다.

심리학자 앨버트 메라비언은 "사람들과 말할 때 사람의

외모와 표정, 태도 등의 시각적 요소는 55%, 목소리와 목소리의 크기 등 청각적 요소는 38%, 말의 내용인 언어적 요소는 7%를 차지한다.”라고 했다.

그만큼 첫인상에서 사람들에게 보이는 것과 들려주는 것은 중요하다.

좋은 인상을 주는 사람은 자기 외모와 목소리를 잘 관리하는 사람이다. 그들은 현란하지 않은 세련된 제스처를 쓰고 밝은 표정과 힘 있는 목소리로 자신감이 가득 차 있다. 또 깔끔한 옷차림과 단정한 머리모양을 하여 깨끗한 이미지를 보인다.

첫인상은 사람들에게 금방 식어버리는 강렬함보다는 지나고 나서도 기억에 남는 모습이 좋다.

오래도록 좋은 기억을 주는 세련되고 좋은 첫인상은 이렇게 만들어 보자.


### 첫째, 눈으로 말하기

말할 때 상대방의 눈을 보면서 말하라. 눈을 보고 말을 하는 것은 그 사람을 내 편으로 만드는 가장 좋은 방법이다. 싫은 사람에게는 눈길 한번 주고 싶지 않지만, 좋아하고 관심이 가는 사람에게는 나도 모르게 눈길이 저절로 가는 것처럼 상대방도 당신에게서 그것을 느낀다.

### 둘째, 먼저 인사하기

상대방을 처음 만나자마자 당신이 먼저 "안녕하세요?"라고 인사하라. 인사를 받고 모른 척 돌아서는 사람은 없다. 힘 있는 목소리로 다가가서 인사하자. 먼저 인사한다고 손해 볼 것은 없다. 오히려 처음 만난 어색한 사이도 서먹하지 않게 하고 구면인 사람에게는 반가움을 더해 주어 좋은 인상을 남긴다.

### 셋째, 밝은 미소 띠기

외모가 출중하지 않아도 잘 웃는 사람에게는 긍정적인 평가를 하게 된다. 아무리 예쁘게 화장하였다 하더라도 미소만큼 예쁜 화장은 없다. 밝은 미소는 긍정의 힘이 있어 보는 이로 하여금 좋은 기분의 에너지를 전달한다.

### 넷째, 어울리는 옷 입기

의상은 당신의 첫인상에 플러스 효과를 톡톡히 한다. 유행을 따라가지는 않더라도 자신에게 잘 어울리는 옷을 입도록 하자. 옷은 그 사람의 분위기를 말해주므로 항상 깔끔

해야 한다.

이 4가지 방법으로 호감 가는 당신만의 첫인상을 디테일
하게 만들어 보기 바란다. 당신의 첫인상은 상대방에게 친
밀감을 전해주어 매력적으로 보이고, 그런 당신에게 상대
방은 설득된다.

| 호감 가는 디테일한 첫인상 만들기 |
| --- |
| 1) 눈 마주침 : 눈으로 말하라 |
| 2) 먼저 인사하기 : 힘 있는 목소리로 다가가라 |
| 3) 밝은 미소 : 긍정의 에너지를 풍겨라 |
| 4) 센스 있는 의상 : 잘 어울리는 옷을 입어라 |

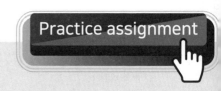

▶ 삶의 롤 모델로 말 연습하기

1) 자신이 잘 알고 있는 말 잘하는 사람을 정하세요.
   (가족, 친구, 유명인, 영화 속 인물 등)

2) 그 사람이 주로 하는 말을 글로 써보세요.
   (그 사람의 말, 특징, 말투, 제스처 등)

3) 거울을 보면서 그 사람이 되었다고 생각하고 말해 보세요.

## 4-02
## 표정이 주는 확실한 이미지 효과

청년 시절 한 선배의 말을 듣고 왜 그렇게 느꼈을까 고민한 적이 있다. 선배의 말은 이러했다.

"너를 처음 봤을 때 얼음나라 얼음공주처럼 차갑다고 생각했는데 오늘 이야기를 나누다 보니 따뜻한 면이 참 많은거 같아."

사람들에게 차갑고 딱딱한 이미지로 보이는 사람은 자신도 모르게 짓는 표정에 신경을 써야 한다. 표정이 사람들에게 잘못된 선입견을 주는 경우가 많기 때문이다. 가끔 가만히 있는 자신의 표정을 들여다보자. 그 표정은 아무 감정을 닮고 있지 않은 무표정이지만 입술이 앞으로 나와 불만이 있는 얼굴로 보이거나 웃음기 하나 없는 표정으로 차가운 느낌을 줄 수 있다. 이런 표정은 사람들에게 오해를 불러일으킬 경우가 많다.

'선뜻 말하기가 어려워.'
'내 의견이 별로인가.'
'저 사람은 나를 싫어하나 봐.'
'나와 이야기하는 것이 내키지 않나 봐.'

한 취업사이트의 조사에 따르면 처음 만나는 사람에게 자신의 이미지를 결정하는 것은 '표정'이라고 한다. 사람들에게 자신을 확실히 어필하려면 표정에도 신경을 써야 한다. 서른 살이 넘으면 자기 얼굴에 책임을 져야 한다는 말이 있듯이 자신의 표정을 잘 관리하자.

전문가들은 외모가 월등하지 않아도 매력적으로 느껴지려면 기쁨, 행복, 반가움, 신남의 긍정적 감정이 얼굴에 잘 표현되어야 한다고 한다. 얼굴에 드러나는 긍정적인 표정은 자신의 이미지를 좋게 만들어 주기 때문이다.

코로나로 마스크를 쓰고 이미지 메이킹 강의할 때의 일이다. 각자 마스크를 쓴 채 소리는 내지 않고 상대방이 웃고 있는지를 맞히는 활동을 하였다. 시작 소리와 함께 마스크에 가려진 파트너의 얼굴이 웃고 있음을 단번에 알 수 있는 사람이 있는가 하면, 본인은 웃었다고 하는데도 파트너는 전혀 느끼지 못했다고 말해 모두를 한바탕 웃게 하는 사람도 있었다.

사람들이 웃을 때는 볼 부위의 근육 15개 정도를 쓰는데, 이 활동으로 웃지 않는 것으로 밝혀진 사람들은 평소에 얼굴 근육을 잘 쓰지 않음을 알 수 있었다.

사람들에게 확실하게 좋은 이미지를 주는 것은 바로 '웃는 표정'이다. 얼굴 근육을 잘 움직여서 웃는 표정을 지으면 하얀 이가 드러나면서 얼굴이 예뻐 보이고 자신 있어 보인다. 상대방은 그런 당신의 표정에서 호감을 느끼고 설득된다.

얼굴 근육을 쓰는 단계별 연습으로 자신 있게 웃는 표정을 만들어 보자.

### 1단계 - 눈둘레근 움직이기

눈둘레근은 얼굴 중심 부위인 중안면의 근육을 사용하는 것으로 눈을 깜박이거나 눈웃음을 지을 때 웃는 눈을 만들 수 있다.

### 2단계 - 광대근 올리기

팔자주름 옆 작은 광대근과 큰 광대근을 이용하여 광대

를 위로 올리면 얼굴 근육에 리프팅 효과를 주어 젊어 보이는 효과까지 준다.

### 3단계 - 입꼬리 당김근 올리기

이 방법은 입꼬리를 끌어올려 '은'이라고 소리를 내는 방법이다. 보조개가 없는 사람이라고 할지라도 입꼬리 당김근을 자주 올려 웃으면 한껏 예뻐 보이고 매력적인 이미지를 준다.

### 4단계 - 웃는 표정 말하기

1~3단계를 다 해 보았다면 이제 소리 내어 말해보자.

"위스키, 김치, 개구리 뒷다리, 스마일"

위스키라고 말할 때 마지막 키를 좀 더 길게 빼 주면서 말하면 웃는 표정이 좀 더 오래 유지된다. 김치, 개구리 뒷다리, 스마일도 마찬가지다. 끝을 좀 더 길게 빼면서 말해보자. 당신의 표정이 웃는 표정으로 오래 유지된다.

심리학자 윌리엄 제임스는 "행복하기 때문에 웃는 것이 아니라 웃기 때문에 행복한 것이다"라고 말했다. 웃는 표정을 만들고 당신의 얼굴에 미소를 담는다면 좋은 인상은 물론이고, 덤으로 좋은 관계의 행운까지 찾아온다. 당신의 이미지는 더 이상 차갑지 않고 만나고 싶은 사람, 호감 가는 사람으로 기억된다.

<매력적인 이미지를 만드는 표정 만들기>

| |
|---|
| 1단계 : 눈 둘레 근 움직이기<br>　　　(눈웃음, 눈주름) |
| 웃을 때 생기는 주름은 더 아름답다 |
| 2단계 : 광대 근 올리기<br>　　　(입가에 있는 팔자주름 옆 근육) |
| 얼굴근육의 리프팅 효과로 젊어 보이는 효과 |
| 3단계 : 입꼬리 당김 근 올리기<br>　　　('은' 소리를 내며 10초간 유지) |
| 무의식중 입이 튀어나오는 것 방지 |
| 4단계 : 웃는 표정 말하기 |
| "위스키~"<br>"김치~"<br>"개구리 뒷다리~"<br>"스마일~"<br>좋은 표정 유지하기 |

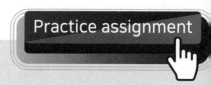
▶ 하루 세 번 웃는 표정을 도전해보세요.

1단계 - 눈둘레근 움직이기
2단계 - 광대근 올리기
3단계 - 입꼬리 당김근 올리기
4단계 - 웃는 표정 말하기(위스키, 김치, 개구리, 뒷다리, 스마일)

▶ 매력적인 이미지 체크리스트

| 요일 | 오전 | | | | 오후 | | | | 저녁 | | | |
| --- | --- | --- | --- | --- | --- | --- | --- | --- | --- | --- | --- | --- |
| | (단계) | | | | (단계) | | | | (단계) | | | |
| | 1 | 2 | 3 | 4 | 1 | 2 | 3 | 4 | 1 | 2 | 3 | 4 |
| 월 | | | | | | | | | | | | |
| 화 | | | | | | | | | | | | |
| 수 | | | | | | | | | | | | |
| 목 | | | | | | | | | | | | |
| 금 | | | | | | | | | | | | |
| 토 | | | | | | | | | | | | |
| 일 | | | | | | | | | | | | |

## 4-03
# 상대방의 마음을 훔치는 시선

결혼 전 남편을 갓 사귀기 시작했을 때의 일이다. 남편과 점심 약속을 하고 건널목에서 신호를 기다리고 있는데 남편은 나를 먼저 알아보고 손을 흔들었다. 식당에서 주문한 음식이 나오자 남편은 테이블에 냅킨을 깔고 포크와 음식들을 내 쪽으로 놓아주었다. 음식을 먹는 동안에도 남편은 나를 쳐다보고 있었고, 그 시선에서 나에 대한 호감을 느낄 수 있었다.

시선은 사람 간 소통의 시작이고 마음의 표현이다. 시선은 사람을 쳐다보는 행위로서 의사소통 흐름의 조절과 감정의 표현, 대인 관계에서 자연스럽게 나타난다. 미국 사람들은 대화할 상대방의 왼쪽 눈, 오른쪽 눈을 번갈아 보면서 상대방에게 시선을 고정한다고 한다. 하지만 한국 사람은 눈을 보면서 말하는 것을 어려워한다. 특히 손위 관계일 때는 눈을 똑바로 바라보는 것을 무례하게 느낀다고 한다.

눈 맞춤을 연구한 클라인케는 "사람들이 눈을 쳐다볼 때 감정에 따라 시선의 위치가 달라진다."라고 하였다. 자신감 있는 감정은 높은 위치의 시선에 머물고 근심, 복종, 의기소침한 감정은 낮은 높이의 시선에 머문다고 하였다. 사람들은 좋은 감정의 사람에게는 시선의 높이를 눈에 맞춰 고정하지만, 싫은 감정의 사람에게는 의도적으로 시선을 피하거나 함께 테이블에 앉게 되면 멀찌감치 앉으려고 몸부터 반응한다.

인생을 살면서 늘 좋은 감정으로 사람을 대하기는 어렵다. 그러나 어차피 상대방을 쳐다보아야 한다면 시선에도 신경을 쓰자. 상대방을 향한 좋은 시선은 언젠가 당신에게도 다시 돌아온다.

상대방의 마음을 사로잡는 시선의 방법을 알고 상황에 따라 시선 처리를 해 보자. 시선의 다양한 방법은 이러하다.

**첫째, 상대에게 호감을 주는 '호감 응시'이다.**

호감 응시는 상대방을 따뜻하게 바라보는 것에서부터 시작된다. 이 방법은 상대방의 양쪽 눈과 입을 연결하여 생기는 역삼각형 부위를 응시하는 것으로 상대방에게 편안함을 주고 의사소통을 원활하게 한다.

둘째, 상대에게 당당함을 보이게 하는 '카리스마 응시'이다.

카리스마 응시는 상대방의 이마 정중앙에서 양쪽 눈을 연결하여 생기는 삼각형 부위를 응시하는 것이다. 이 방법은 상대방에게 강한 인상을 주고 의사소통에서 갑이 되는 역할을 한다.

셋째, 당신은 서서 말하고 상대방은 앉아서 말할 때 사용하는 '헤드 응시'이다.

헤드 응시는 상대방의 머리 정중앙을 바라보는 방법으로 앉아 있는 사람들 측면에서 보면 당신이 정면으로 보고 있는 것처럼 느끼게 하고 당당하게 보인다.

넷째, 많은 사람을 설득하기 위한 '제트(Z) 응시'이다.

제트 응시는 프레젠테이션, 회의나 모임 등 많은 수의 사람에게 말을 할 때 필요하다. 알파벳 'Z'의 모양대로 지그재그 형태를 그려가면서 시선을 나눠서 바라본다. 같은 장소에 있는 사람들을 골고루 볼 수 있고, 특정한 사람을 바라본다는 오해를 받지 않는다.

　당신은 4가지 응시를 이용하여 상대방을 바라볼 때 적당한 시간은 몇 초라고 생각하는가?

　런던대학교 연구팀은 상대방을 쳐다보는 적당한 시간을 실험하였다. 실험 중에 사람들은 1초의 짧은 시간에는 '나에게 무슨 꿍꿍이가 있나?'라는 기분 나쁨을 느꼈고, 8초에는 '부담스럽다'는 느낌이 들었다고 한다. 실험 결과 사람들은 상대방이 자신을 3.3초 동안 쳐다봤을 때 가장 편하게 느꼈다고 한다.

　당신의 시선을 3.3초 동안 상대방에게 머무르게 하자. 짧다고 생각하면 4초도 좋다. 단 바라보다 갑자기 고개를 떨어뜨리면 자신감이 없어 보인다. 급하게 시선을 옮기면 상대방을 무시한다고 느끼게 하기 때문에 시선을 옮길 때는 여유를 주고 움직여야 한다. 공간이 넓은 곳일 경우에는 시선을 최소 삼등분으로 나누고 왼쪽, 오른쪽, 가운데로 시선을 옮겨야 자연스럽게 보인다.

　말을 할 때 상대방을 너무 오랫동안 빤히 쳐다보는 것은 결례가 되지만 당신이 사람들로부터 호감을 사려면 말하는 내용과 상황에 따라 시선 처리를 자연스럽게 할 수 있어야 한다.

이제 당신의 눈을 감았다가 천천히 떠서 시선을 연습해 보자.

당신을 바라보는 사람에게 편안함을 주고 마음을 훔칠 준비를 하자.

당신의 부드러운 시선! 당신이 상대방에게 주고자 하는 애정과 설득 뭐든 가능하게 한다. 백 마디 말로 말하는 것보다 한순간의 시선은 사람의 마음조차 훔친다.

< 마음을 훔치는 시선 만들기 >

| |
|---|
| 1단계 : 바라볼 상대방의 응시 점 찾기 |
| 호감 응시/ 카리스마 응시/ 헤드 응시/ 제트 응시 |
| 2단계 : 3.3초~4초 동안 머물기 |
| 부드럽게 바라보기 |
| 3단계 : 천천히 이동하기 |
| 시선을 떨어뜨리지 않고 옆으로 옮기기 |

▶ 마음을 훔치는 시선 만들기

1) 거울을 보면서 시선 연습을 해보세요.
(호감 응시/카리스마 응시/헤드 응시/제트 응시)

2) 시선 옮기기.
(사물을 정한 후 3~4초 동안 머물기→ 다른 사물로 시선 옮겨 바라보기)

3) 다음의 원고를 읽으면서 시선을 움직여 보세요.
(호감 응시/카리스마 응시/헤드 응시/제트 응시)

> 해가 떠오르면 우리는 달려야 한다.
> 아프리카에서는 매일 아침 가젤이 잠에서 깬다. 가젤은 가장
> 빠른 사자보다 더 빨리 달리지 않으면 잡아먹힌다는 사실을
> 알고 있다. 그래서 그는 자신의 온 힘을 다해 달린다.
> 아프리카에서는 매일 아침 사자가 잠에서 깬다. 사자는 가젤
> 을 앞지르지 못하면 굶어 죽는다는 사실을 알고 있다. 그래서
> 그는 자신의 온 힘을 다해 달린다. 네가 사자이든 가젤이든
> 마찬가지다. 해가 떠오르면 달려야 한다.
>
> ≪마시멜로 이야기≫ 중에서

## 4-04
## 말을 돋보이게 하는 몸짓

애플의 창업자 스티브 잡스는 지금까지 최고의 발표자라고 불린다. 그의 PT 영상을 살펴보면 그는 포인터를 잡은 오른손을 왼손으로 감싸다 가슴 아래에서 벌리며 말한다.

"단 하나의 제품입니다."라고 말할 때는 왼손을 들어 올려 보이고 "핸드폰의 화면이 크다."라고 할 때는 양손을 크게 펼쳐 보여 폰의 화면이 큼을 강조하였다.

보통 비언어의 자신감이 없는 사람들은 말을 할 때 손을 잘 사용하지 않는다. 어쩌다 사용하는 경우는 양손을 허벅지에 문지르고 있거나, 테이블 아래에서 손가락을 만지작거리며 자신의 긴장감을 드러낸다. 또 자신도 모르게 귀 뒤로 머리카락을 손으로 넘기거나 앞머리를 쓸어 넘기면서 자기 말을 방해한다.

"몸은 입보다 더 많은 말을 한다."라는 말이 있다. 스티브 잡스도 프레젠테이션 시작 전 헛기침을 하면서 자신의 목소리를 가다듬고 긴장감을 달래었다. 말하는 중간에 자신의 바지 허리춤을 살짝 들어 올리기도 하고 자기 코를 만지기도 하였다. 그의 몸짓은 긴장을 말하고 있었지만 거슬리지 않는 이유는 이런 몸짓이 자연스럽고 당당했기 때문이다.

사람들 앞에서 당신의 말을 돋보이게 하는 몸짓은 앞으로 걸어 나오는 걸음걸이부터 시작해서 자신 있게 말을 한 후 다시 자신의 자리로 돌아와 앉기까지 이 모든 게 포함된다.

먼저, 걸어 나오는 자세라고 해서 톱모델들의 걸음을 따라 할 필요는 없다. 단, 걸어 나올 때부터가 이미 당신의 말은 시작되었음을 생각하기를 바란다. 걸어 나오기 전 당신의 옷매무새와 머리모양은 점검되어 있어야 한다. 앞으로 걸어 나오면서 자신의 옷매무새를 점검한다든지 다른 사람과 이야기를 주고받으면서 나오는 행동은 보는 이로 하여금 좋은 이미지를 주기 어렵다.

다음, 서서 말하는 자세는 긴장도가 그대로 드러나 보이기 때문에 당신의 평소 자세를 점검해 보면서 읽어 보기를 바란다. 서서 말할 때 턱은 정면을 향해 살짝 올리고 머리는 옆으로 기울지 않게 한다. 어깨는 자연스럽게 내리고 두

팔은 양 바지선에 붙이거나 앞으로 모은다. 양발은 여자인 경우는 주먹이 하나 들어갈 정도로 벌려 바르게 서고, 남자의 경우는 발을 어깨의 너비만큼 벌려 허리를 곧추 편다.

서 있을 때 긴장이 되면 자신도 모르게 주머니에 손을 넣거나 몸을 좌우로 흔들기도 한다. 이런 행동은 사람들을 집중하지 못하게 한다. 또 자신도 모르게 한쪽 발을 구르면서 말을 하거나 양발을 꼭 붙여 굳은 자세로 말을 하는 경우는 안정감이 없어 보이므로 조심해야 한다.

지나치게 꼿꼿하게 서 있는 자세보다는 말을 강조할 때 한 발짝 앞으로 내디디며 말을 하거나, 화제를 옮기고 싶을 때 옆으로 살짝 옮기면서 말하는 것은 말의 전환 효과를 준다.

마이크를 잡고 말을 할 때 당신이 편한 손으로 마이크를 잡고 마이크를 잡지 않은 손은 내려놓는 게 깔끔하게 보인다. 어떤 사람들은 왼손으로 마이크를 잡고 있으면서 오른손으로 마이크의 줄을 만지작거리면서 말을 하는 경우가 있는데 이런 행동은 좋아 보이지 않는다. 차라리 오른손으로 마이크를 살짝 덮는 느낌을 주면서 손을 사용하는 게 낫다.

마지막으로, 앉아서 말할 때의 자세다. 앉아서 말을 할 때는 손의 역할이 크게 차지한다. 테이블이 있는 경우라면 테이블 위에 손을 포개어 올려 두고 사람을 가리킨다. 손을 들어야 할 때는 손가락으로만 움직이지 않고 손바닥 전체를 사용하며 말하면 예의 있는 사람으로 보인다. 서서 말할 때보다는 조금 긴장이 풀어지기도 하니 앉아 있을 때도 허리를 펴고 상체는 사람들을 향해 앞으로 조금 숙여 말하면 말하는 모습이 자연스러워 보인다.

당신의 말이 돋보일 수 있도록 앞으로 걸어 나가는 것부터 시작해서 바르게 서고 앉아서 말하는 연습을 해보자. 당신의 몸짓이 자연스러울 때 사람들의 호감 역시 따라온다. 말을 돋보이게 하는 당신의 몸짓, 자연스러움이 답이다.

### < 말을 돋보이게 하는 몸짓 >

| 1) 앞으로 나갈 때 |
| --- |
| 준비된 자세로 걸어 나가기 (이미 말이 시작되었다) |
| 2) 서서 말할 때 |
| 바르게 서 있기 (중심 잡아 서서 호감 일으키기) |
| 3) 앉아서 말할 때 |
| 손을 잘 사용하기 (손가락보다는 손 전체를 사용하기) |

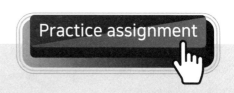

▶ 나의 몸짓을 거울을 보며 연습해 보세요.

▶ 녹화된 나의 모습을 보고 고칠 점을 적어보세요.

1) 앉아서 말할 때

2) 앞으로 걸어 나갈 때

3) 서서 말할 때

## 4-05
# 설득을 높이는 고급스러운 제스처

스물일곱 살 때의 영업 시절, 처음 아이스 브레이킹을 하기 위해 고객을 만났는데 고객을 제대로 설득하지 못해 힘이 빠졌다.

아침부터 시작되는 부장의 30분 교육 일명 정신교육을 듣고 나면 나도 모르게 자신감이 생겨 당장이라도 사람들에게 음악 CD를 잘 팔 수 있을 것만 같았다. 하지만 모르는 사람을 설득한다는 것이 쉬운 일은 아니었다.

대화에서 상대방에게 신뢰감을 주고 자신이 원하는 방향대로 이끌고 가려면 단순히 말만 잘해서는 좋은 성과를 내기 어렵다. 아무리 말을 잘하여도 고객은 의심부터 시작하기 때문이다.

"에이 그게 그렇게 좋아요?"

"그게 다른 제품보다 뭐가 좋아요?"

이때 말을 믿지 못하는 사람들은 이런 제스처를 보인다. 어떤 사람은 고개를 옆으로 젓고 몸은 의자와 딱 붙어있다. 그러다 의심이 사라지기 시작하면 턱 아래를 손가락으로 가볍게 톡톡 치기도 하고, 자기 몸을 앞으로 살짝 기울이는 제스처를 보이면서 듣기 시작한다.

이미지 컨설턴트 잇시키 유미코는 "제스처는 말하는 사람의 본심을 드러내는 신호다."라고 말했다.

사람을 설득하려면 확신에 찬 말과 그에 맞는 제스처가 필요하다. 만약 연설의 달인 전 미국 대통령 오바마가 손 하나 움직이지 않고 곧은 자세로 입으로만 연설하였다고 상상해 보자. 물론 말의 멈춤과 강약의 리드미컬한 말로 다른 이들보다는 매력적으로 보였겠지만, 그의 연설이 명연설로 남지는 못했을 것이다.

설득을 잘하는 사람들은 손을 자주 사용한다. 그리고 한 번을 사용하더라도 고급지고 효과적으로 사용하고 오래 기억되게 한다.

설득을 높이는 고급스러운 제스처에는 이러한 것들이 있다.

**첫째, 긍정을 부르는 '오케이 첨탑'은 손가락의 검지와 엄지를**

구부려 첨탑 모양으로 만든다.

이 방법은 손가락을 펴서 말할 때보다 훨씬 더 긍정적인 평가를 많이 받는다. 양손을 사용해도 되고 한 손만 사용해도 되는데 고개를 뒤로 젖히면서 사용하면 거만한 인상을 주기 때문에 조심해야 한다.

둘째, 포인트를 짚어주는 '검지 세우기'는 손가락 검지를 쭉 펴서 세우는 방법이다.

자신감과 카리스마가 필요할 때 말과 함께 사용하면 말하는 사람이 돋보인다. 말을 할 때 손가락 검지를 세워 강조하고자 하는 단어와 함께 동시에 사용한다. 검지 세우기가 가까이에 있는 사람들을 향하게 되면 건방지다는 오해를 받을 수도 있으니 주의하기를 바란다.

셋째, 전문성을 보이는 '턱 살짝 받치기' 방법이다.

이 방법은 주먹을 살짝 쥐어 엄지와 검지로 턱을 살짝 받치는 것으로, 중요한 순간에 나타내면 전문가처럼 보인다. 그래서 전문가들이 프로필용 사진을 찍을 때 자주 사용하기도 한다. 어떤 질문에 답을 하기 전 이 포즈를 취하면 상대방으로 하여금 답에 대한 기대감을 줄 수 있으나, 너무 오랜 시간이 포즈를 취하면 상대방에게서 신뢰를 잃어버릴 수 있으니 유의해야 한다.

한 사회심리학자는 '인간 커뮤니케이션의 출발점은 제스처'라고 했다. 제스처는 곧 당신의 말이다.

스피치 강의 중에 자신도 모르게 나오는 습관적 제스처를 찾고 개선하기 위해 '제스처 읽기'를 활동하였다. 발표자가 말을 할 때 그 사람의 제스처를 읽고 적어준다. 종이에는 '고개 젓기' '코를 들이마시는 모습' '잦은 손의 움직임' '한 번도 움직이지 않는 손' '신발로 까딱거리기' 등 자신도 모르게 나오는 습관들이 적혀 있었다.

제스처도 습관이다. 말할 때 내용과 상관없이 나오는 음, 저, 그러니까 등의 말은 하지 않아야 하는 것처럼 하고자 하는 말과 상관없는 제스처는 하지 않으려고 스스로 노력해야 한다.

거울을 보면서 말을 하는 자기 모습을 영상으로 찍어보거나 일상에서 사진을 찍을 때 자신만의 제스처를 해보는 것도 어색한 제스처에서 벗어날 수 있다.

당신이 누군가를 설득하고 싶다면 당신이 가장 강조하고 싶은 그 말에 제스처를 입혀보자. 개인적 관계로 만나는 지인과의 자리나 일의 관계로 만나는 공적인 어떤 자리에서도 당신의 말에 고급 제스처를 가미한다면 당신은 훨씬 세련되어 보인다. 그리고 대화를 하는 중에 상대방의 몸짓도 알아차릴 수 있다면 당신은 어느새 말만 잘하는 사람이 아닌 설득을 잘하는 고급스러운 협상가가 된다.

< 설득에 유용한 고급 제스처 >

| 긍정을 부르는 오케이 첨탑 |
| --- |
| 강조하고 싶은 말 + '오케이 첨탑' |
| 말의 포인트를 짚는 검지 세우기 |
| 강조하고 싶은 말 + '검지 세우기' |
| 전문성을 보이는 턱 살짝 받치기 |
| 강조하고 싶은 말 + '턱 살짝 받치기' |

▶ 나에게 가장 잘 어울리는 제스처는 무엇인가요?

▶ 나에게 어울리는 새로운 제스처를 만들어 보세요.

▶ 나의 제스처 모습을 사진으로 인증해 보세요.

어떤 장소 누구를 만나든지
나를 어필하고 호감을 느끼게 하려면
자신의 관심사보다 서로가 공통으로
관심 있어 하는 소재로 말하는 게 중요하다.

# 말 잘하는 사람들의 노하우

·

## 말이 통하는 대화의 기술에 대하여

## 5-01
## 내 편으로 만드는 경청의 방법

전 미국 대통령 오바마는 다른 사람의 말을 잘 경청함으로써 자신을 돋보이게 한 사람으로도 유명하다. 그가 대통령으로 있을 당시 국방대학교에서 연설하는 중에 반전운동가 미디아 벤저민이 소란을 피우자 원고를 덮고 "당신의 목소리는 충분히 경청할 가치가 있다."라고 말하며 말할 기회를 주었다고 한다.

미디아 벤저민은 미국의 대테러 전쟁에 대한 비판을 쏟아냈는데, 일주일 후 영국 가디언지 칼럼에서 자신의 계속된 공격에도 오바마는 온화한 태도로 자기 말을 들어주었다며 감사를 표했다고 한다. 이 일로 오바마는 미국의 정책을 반대하던 반전운동가들 사이에서도 신임을 얻게 되었다고 한다.

만약 오바마가 미디어 벤저민의 말을 경청하지 않고 준비한 연설만 하였다면 어떻게 되었을까?

자신의 말을 멈추고 다른 사람의 말을 경청하는 것은 나라를 떠나 어디서나 중요하다.

어느 날 스피치를 교육받으러 온 사람들에게 질문을 했다.

"말을 잘하려면 말하기와 듣기 중 어느 것이 중요할까요?"

이렇게 질문을 하면 예전에는 말하기라고 하는 사람들이 많이 있었지만, 요즈음은 듣기라고 말하는 사람이 제법 있다. 그만큼 듣기 즉 '경청'의 중요성을 많이들 알고 있다는 얘기다.

대화의 갈등은 '경청의 부재'에서 생긴다. 당신의 경청은 어떠한지 아래의 4단계를 통해 점검하고 익혀 보자.

### 1단계 : 배우자 경청 Spouse Listening

부부간에 많이 나타난다고 해서 배우자 경청이라 붙여졌다고 한다. 말을 가로채지는 않지만, 건성으로 말을 흘려서 듣는 자세로 상대방에게 집중하지 않을 때 자주 나타난다.

아내 : "내 이야기 듣고 있는 거야?"
남편 : (고개만 끄덕인다)
아내 : "뭐야~ 잘 들어주지도 않고, 듣고 있으면 응이라고
　　　해줘야지!"

## 2단계 : 수동적 경청 Passive Listening

상대방이 말하도록 내버려 두는 경청법이다. 말을 가로막지 않는다는 면에서는 좋지만 상대방의 의도에 집중하지 않는 상태이다.

아내 : "미장원 갈 건데 머리카락을 자를까? 파마할까?"
남편 : "당신은 다 잘 어울려."
아내 : "그런 말 말고, 둘 중 하나를 골라달라고."

## 3단계 : 적극적 경청 Active Listening

상대방에게 주의를 기울이고 얼굴을 바라보면서 상대방이 말하는 내용에 따라 적절한 호응도 해 주는 경청법이다.

아내 : "나 이거 살래. 이 옷 어때?"
남편 : "음~ 사! 그런데 그런 비슷한 옷이 집에도 있지 않나?"
아내 : "그러고 보니까 그러네. 하마터면 또 환불하러 올 뻔했네."

## 4단계 : 맥락적 경청 Contextual Listening

경청의 최고 단계로 상대방의 의도와 감정, 느낌과 상황 등을 전체적인 맥락을 파악해서 상대방의 숨은 욕구까지 파악해주는 경청법이다.

아내 : "내일 강의 가야 하는데, 살이 쪄서 편한 옷으로
　　　입을까 봐."
남편 : "음~ 잘 생각해 봐. 당신은 어떤 옷을 입고 싶은
　　　거야?"
아내 : "아무래도 정장을 입어야 될 거 같아, 지금은 어때?"
남편 : "훨씬 낫네! 그렇게 입는 게 더 잘 어울려."


당신의 경청단계는 어디인가?

　무조건 끝까지 듣는 경청은 어렵다. 하지만 경청이 온전한 대화를 만든다. 진정한 경청은 단순히 맞장구만 치는 것이 아니라 말하는 사람의 입장이 되어 객관적으로 듣는 것이다. 경청할 때 말하는 사람이 스스로 문제를 해결할 수 있는 질문을 해 주어야 한다.

　나의 남편이 "당신은 어떤 옷을 입고 싶은 거야?"라고 질문하여 내가 입을 옷이 강사다운 옷임을 알고 입는 것처럼 말이다.

　"그래서 당신은 어떻게 하고 싶은 거야?"

　"그 일이 어떻게 해결되면 좋겠어?"

　이렇듯 듣는 중간에 질문하면서 상호작용을 해야 한다. 이런 질문은 말하는 사람에게 "그러게, 내가 진짜 원하는 것은 뭘까? 그때는 왜 그랬을까?"라며 자신을 통찰하는 시

간을 가지게 한다.

경청 능력을 키우기 위해서 공감하며 듣는 연습을 해 보자.

### 첫째, 눈으로 공감하며 듣기

눈으로 공감하며 경청하면 그 사람의 비언어적 채널이 보인다. 눈빛, 표정, 제스처에서 희로애락의 감정이 고스란히 보여 상대방의 상태를 이해할 수 있다.

### 둘째, 마음으로 공감하며 듣기

마음으로 말을 공감하며 들으면 그 사람의 숨결이 느껴진다. 그 사람의 상한 마음의 정도에 따라 말하는 사람의 진짜 말하고 싶은 속마음을 알아차릴 수 있다.

### 셋째, 말로 확인하면서 듣기

상대방의 말을 내 말로 다시 말하면서 상대방의 말을 듣는 것이다.

"이런 것 때문에 속상했구나, 아까 한 말은 이거지?"라고 말로 확인까지 하면서 들어주면 말하는 사람은 자신의 마음을 알아주는 당신에게서 위로받는다.

옛말에 이청득심以聽得心이란 말이 있다. 귀를 기울이면 사람의 마음을 얻을 수 있다. 이야기를 듣는 동안 당신이 잘 경청하고 있음을 아낌없이 표현하자.

상대방과 마주 앉아 눈을 보며 고개를 끄덕여 주고 안타까운 소식에는 "이런~"이라고 말해 보자. 또 이어서 다음 말을 할 수 있도록 "그래서? 그다음에는 어떻게 되었는데?"라고 상대방의 말을 부추기어 주고 마음을 편하게 해 주자.

'가는 말이 고와야 오는 말이 곱다'라는 말이 있듯이 가는 경청이 있어야 오는 경청이 있다.

누군가 당신을 찾아왔을 때 귀 기울여주면 언젠가 당신을 토닥여 주는 말이 되어 다시 돌아온다.

| 가는 경청 오는 경청 |
|---|
| "이런"<br>"그랬구나."<br>"그래서?"<br>"그다음에는 어떻게 되었는데?"<br>"당신은 어떻게 생각해요?"<br>"어떻게 해결되었으면 좋겠어요?" |

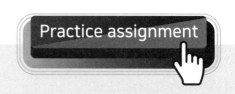
▶ 최근 나와 이야기를 나눴던 사람을 떠올려주세요.
그때 나의 경청단계는 어디인가요?

1) 배우자 경청 : 건성으로 들음.
2) 수동적 경청 : 집중해서 듣지 않음.
3) 적극적 경청 : 얼굴을 보며 호응해줌.
4) 맥락적 경청 : 감정과 숨은 욕구까지 파악함.

▶ 대화에서 기억나는 대로 표시해 보세요.

1) 상대방의 눈을 쳐다보았다.
2) 상대방의 말에 호응해주었다.
3) 상대방이 말한 내용의 핵심을 알고 있다.
4) 상대방이 말한 내용의 핵심과 숨은 욕구까지 알고 있다.

▶ 상대방의 감정과 숨은 욕구를 적어 보세요.

## 5-02
## 관계를 만들어 주는 사소한 공통점

결혼하고 갓 서울로 올라와서 저녁 준비를 위해 시장을 찾았다. 두부 한 모의 가격을 묻자 가게 주인은 이렇게 말했다.

"오백 원이라예."

그때 들리는 고향 사투리가 반가워 나도 모르게 가게 주인의 고향은 어디인지 물어보았다.

"대구라예."

타향에서 고향 사람을 만나니 정말 반가웠다. 그 후 두부를 살 일이 있으면 꼭 그 가게를 찾았다.

대화를 시작하기 전 상대방의 고향과 출신 학교가 같으면 은근히 대화가 편해진다. 이러한 것은 '유사성의 효과' 때문이다. 사람들은 자신과 유사성을 가진 사람에게 더 호의적인 태도를 보인다.

유사성은 나이, 키, 취미, 종교, 정치 성향 등이 비슷한 사람에게 살아온 환경이 다를지라도 마치 자석의 N극과 S극이 서로 이끌려 붙듯 호감을 느끼게 한다.

영국 글래스고대학에서 '외모 유사성이 타인에 대한 신뢰도에 미치는 영향'을 실험했다. 피험자들에게 컴퓨터 그래픽으로 창조한 가상의 인물과 짝을 이뤄 게임을 하게 한 후 게임에서 딴 돈을 나눌 때 피험자가 어떻게 행동하는지 관찰했다. 자신과 얼굴이 많이 닮은 파트너와 게임을 한 피험자들의 3분의 2는 자신의 파트너에게 돈 배분 임무를 맡겼는데 전혀 낯선 얼굴의 파트너와 게임을 한 피험자는 상대에게 배분 임무를 맡긴 것이 절반에 그쳤다고 한다. 사람들은 자신과 얼굴이 닮은 사람에게 더 높은 신뢰도를 보이는 결과였다.

유사성의 또 다른 실험이 있다. 미국 샘 휴스턴 주립대학 교수 랜디 가너는 이름의 유사성이 어떤 효과를 가져오는지 파악하는 실험을 했다. 실험은 전혀 모르는 사람에게 우편으로 설문지를 보낸 후 모든 문항에 답변하고 우편으로 다시 보내달라는 요청이었다. A그룹은 설문지를 받는 사람의 이름과 비슷한 이름을 쓰도록 했고, B그룹은 설문지를 받는 사람의 이름과 전혀 다른 이름을 써서 각각 발신자로 보냈다. 그 결과 비슷한 이름의 발신자로부터 설문지를 받은 A그룹의 응답률이 B그룹의 응답률보다 거의 두 배 정도 높게 나타났다고 한다.

코로나로 온라인 강의를 하면서 처음 줌ZOOM으로 들어오는 사람들에게 긴장을 풀어주기 위해 서로의 공통점이 무엇인지 질문하였다. 사람들은 처음에는 머뭇거리다가 이렇게 말했다.

"앉아 있어요."

"집이에요."

"대한민국 사람이에요."

"스피치를 배우러 왔어요."

사람들은 서로의 공통점을 찾아낼 때마다 공감의 표정을 보이면서 자연스럽게 강의에 몰입하였다.

어떤 장소 누구를 만나든지 나를 어필하고 호감을 느끼게 하려면 자신의 관심사보다 서로가 공통으로 관심 있어 하는 소재로 말하는 게 중요하다. 처음 만나는 사람이라도 잘 관찰하여 보면 공통점은 꼭 한두 가지 있기 마련이다.

"이제 날씨가 선선해졌네요."

"요즘 코로나로 활동량이 적어져서 운동하고 싶어요."
"주말에 골프 치러 가면 아내 눈치가 보여요."

사소한 그 어떤 것이라도 자신과 비슷한 점을 찾아 말하는 습관을 들여 보라. 일상에서 찾아내는 공통점은 다음 대화를 이어가고 상대방의 대답을 들으면서 또 다른 공통점도 발견하게 된다. 그 후에 당신이 제안하고자 하는 말을 덧붙여 보라. 자연스럽게 당신의 제안을 수락하게 되고 당신의 말은 강해진다.

| 사소한 공통점으로 관계 만들어가기 | |
|---|---|
| 개인 신상 | 나이, 고향, 취미, 좋아하는 색, 음식 |
| 환경 | 날씨, 정보, 정치, 관심사 등 |

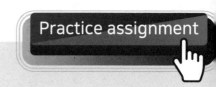

▶ 사소한 공통점으로 쉬워지는 대화

1) 그림 속의 사람과 자신의 공통점 10개를 말해 보세요.

2) 다음의 단어를 넣어 공통점으로 연결해 말해 보세요.

   a. 저도 좋아합니다.
   연예인, 색상, 계절, 음악, 음식, 커피, 맛집, 옷 스타일
   예) 저도 그 ○○○ 연예인 좋아합니다.

   b. 저도 해봤습니다.
   아르바이트, 애완동물 키우기, 헤어스타일, 영화, 드라마, 운동
   예) 저도 학창 시절 때 ○○○ 아르바이트를 해 봤습니다.

## 5-03
## 횡설수설을 잠재우는 안테나 법칙

말을 잘하기 위해 나를 찾아오는 사람들은 이렇게 말한다. "사람들이 제가 무슨 말을 하는지 모르겠다고 말을 해요. 왜 자꾸 딴소리하느냐고. 저도 일부러 그러는 건 아닌데 이야기하다 보면 저도 모르게 딴소리를 하고 있더라고요."

이런 사람들은 듣는 사람에게 답답함을 느끼게 한다. 말을 장황하게 하고 횡설수설하는 사람들은 주제에 맞는 이야기의 시작 방법과 간결하게 설명하는 방법을 잘 모른다.

작가 야마구치 다쿠로는 "요약을 못 하는 사람은 자신이 전달하고 싶은 정보부터 늘어놓기 때문에 이야기가 잘 전해지지 않는다."라고 했다. 대화에서 두서없이 말을 하다 보면 말의 핵심을 말하는 도중에 자주 잊어버리고 자기 말을 요약하기 힘들다. 그러다 보니 결론보다 과정을 설명하는 시간이 더 길어진다.

이런 장황한 말과 횡설수설을 멈추려면 상대방에게 '안테나를 켜고 말하는 습관'이 필요하다. 많은 사람의 횡설수설을 지도하면서 고안한 이 방법이 당신에게 도움이 되기를 바란다.

### 1단계 - 안테나 설치

말하기 전 준비과정으로 당신이 사람들에게 안내할 주제를 선정한다. 주제에 관련된 정보를 찾고 그중에서 중심단어를 찾아 테두리 쳐 둔다. 그리고 주제와 중심단어를 중심으로 어떻게 말할지 순서를 나열한다. 안테나를 설치하는 것은 당신이 어떤 말을 할지 예상하게 하고 말하는 도중에 엉뚱한 길로 빠지지 않게 말의 방향을 잡아준다.

### 2단계 - 안테나 법칙으로 말하기

1단계의 안테나 설치가 가능해졌다면 '안테나 법칙'을 이용하여 천천히 말해 보자.

안 ⇒ 안내하라. 상대방에게 말할 주제를 한 문장으로 알린다. 회의를 진행하거나 오늘의 업무에 대해 알려주고 주제 발표를 해야 할 때 "오늘 함께 나눌 이야기는 이것입니다."라고 한 문장으로 주제를 안내한다.

테 ⇒ 테두리 친 중심단어를 말하라. 안테나 설치 때 테두리 쳐 둔 중심단어를 중심으로 짧게는 한 문장, 길게는 세 문장으로 본격적으로 말한다. 말하는 중간에 준비한 정보와 사례를 들면서 말의 살을 붙인다고 생각하고 말한다.

나 ⇒ 나타내라. 짧게! 당신이 하고자 하는 생각을 최종적으로 나타내는 결론 과정이다. 말을 마무리하면서 한 번 더 강조하고 싶은 말로 매듭짓는다. 당신이 주장하고 싶은 한 문장이나 주장을 대신해 주는 명언, 고사성어 등의 인용문을 사용해도 된다.

주장은 "마지막으로 하고 싶은 말은 ~입니다."
인용문은 "옛말에 이런 말이 있습니다."라고 짧게 결론짓는다.
마지막 나타내기는 반드시 짧게 끝낸다고 생각하고 말하라. 길어지면 횡설수설이 다시 시작된다는 것을 기억하자.
안테나 법칙을 일상 대화와 회의, 프레젠테이션 등 공적 말하기에 적용해 보자.

당신의 장황한 말은 사라지고, 요점과 핵심만 전하는 깔끔한 스피치로 변신한다.

말하기 전 안테나로 말을 준비하고, 당신의 머리 위에 준비한 가상의 안테나를 띄워라. 그리고 안테나 법칙으로 말해 보자. 하루아침에 설명을 잘하고 요점만 간추려 말하기는 어렵다. 연습하고 또 연습해야 한다. 처음에는 말할 내용을 정리하고 머릿속에 안테나를 설치하는 시간과 안테나 법칙으로 말하는 시간이 각각 필요하다. 하지만 반복적으로 연습하면 당신이 하고자 하는 말은 군더더기 없는 말이 된다.

말하기 전 당신의 머리 위에 띄워진 안테나가 알려주는 대로 말해 보자. 매일 3분 연습하면 가능하다. 안테나 법칙으로 횡설수설 장황한 말을 청산할 수 있기를 바란다.

# < 횡설수설을 잠재우는 안테나법칙 >

| |
|---|
| **1단계 : 안테나 설치하기** |
| (말할 내용을 찾고 적어두기) |
| **2단계 : 안테나 법칙으로 말하기** |
| **1) 안내하라**<br>(한 문장으로 주제 안내하기)<br>"주제에 대해 말하겠습니다."<br><br>**2) 테두리 친 중심단어로 말하라**<br>(1~3개의 정보와 출처를 넣어 근거 제시하기)<br>"첫째 ○○○, 근거는 ~이다."<br>"둘째 ○○○, 근거는 ~이다."<br>"셋째 ○○○, 근거는 ~이다."<br><br>**3) 나타내라**<br>(다시 한번 강조하여 짧게 마무리하기)<br>주장 : "마지막으로 하고 싶은 말은 ~이다."<br>인용 : "옛말에 이런 말이 있다." |

▶ 안테나 법칙으로 원고를 작성하세요.

▶ 자신의 목소리를 녹음한 후 들어보세요.

## 5-04
## 관계에서 품위 있게 말하는 법

JTBC 드라마 〈품위있는 그녀〉의 주인공 우아진김희선의 말은 고급스러웠다. 자신을 속였던 박복자와 바람 난 남편과 불륜녀에게 감정을 다스리며 항상 품위 있는 말로 대처하였다.

그녀는 이혼 후 재벌의 위치와 상속을 바라지도 않고, 남들이 부러워하는 상류층을 스스로 내려왔다. 그리고 자기 일과 삶에서 만족하였다. 이런 그녀의 말과 행동은 품위 그 자체였다.

인간관계에서 품위 있는 말은 거절하는 모습에서 잘 나타난다.

호불호가 확실한 사람들은 거절할 때 NO를 확실히 표현한다. 하지만 칼 같은 거절의 의사 표현은 듣는 사람에게 서

운함을 준다.

만약 누군가가 당신에게 토요일에 만남을 제안했다고 가정해 보자. 그날 당신에게 선약이 있다면 어떻게 거절할 것인가? 거절하기 전 "미안합니다."라고 먼저 말하는 경우가 있다. 이때 만남을 제안한 사람이 "미안합니다."란 말을 들으면 자신이 괜한 만남을 제안한 것 같은 느낌을 받는다.

품위 있게 말하려면 거절할 때 감사의 말부터 먼저 해야 한다.

'미안합니다'를 감사로 바꾸어 말하는 것은 당신에게 제안을 한 사람의 의견을 존중하는 표현으로 거절하여도 상대방에게 서운하지 않게 한다. 그리고 거절은 명확하게 말하는 것이 좋다.

"거절할 것이라면 처음부터 거절하는 것이 친절하다."

고대 로마 작가 푸블릴리우스 시루스의 말이다.

상대방에게 미안한 마음이 들어 돌려서 말하거나 혹 여러도 가능성의 말을 남기는 것은 관계를 더 힘들게 할 뿐이다.

정확하고 정중하게 거절하자. 거절할 때 자기 생각을 지나치게 길게 말하면 궁색한 변명처럼 들리니 조심하여야 한다. 상대방의 마음을 상하게 하지 않으면서 전할 말을 짧게 하여 자연스럽게 거절하기를 바란다.

품위 있게 말하려면 어떤 말에도 호의적인 반응을 할 줄 알아야 한다.

호의적인 반응은 상대방의 이야기를 들을 때 나타난다. 사람들이 다 내 마음 같지 않기에 대화를 하다 보면 서로 다른 의견이 생길 수 있다. 그때 상대방의 이야기에 반감을 보이는 표정을 짓거나 별로라고 말하면 품위가 떨어진다.

당신의 입가에 미소를 살짝 담아보자. '음'이라는 소리와 함께 미소를 지은 후 "그래요."라고 말해 보자. 때로는 마음에 들지 않는 조건에서도 우선 "음미소 짓기 그래요."라고 먼저 말한 후 자기 생각을 말하면 여유가 담겨 품위가 느껴진다.

세상에는 교활한 사람들도 참 많다. 그런 속 보이는 사람들 앞에서도 이성을 잃지 않고 차분하게 말하기를 바란다. 이성을 잃게 되면 상한 감정을 쉽게 드러내기 때문에 품위 있게 말하기가 어렵다. 어떤 말에도 "음, 그래요."라고 담담하게 말함이 필요하다.

품위 있게 말하려면 상대방의 말을 인정할 줄 알아야 한다. 상대의 말을 인정하는 것은 대화가 끝난 후 대답에서 바로 느낄 수 있다. 상대방이 말을 했을 때 "네, 알겠습니다."로 깔끔하게 답하는 것은 상대방의 생각을 그대로 받아들이고 있고, 말의 내용도 잘 이해했음을 알리는 것이다.

어떤 사람은 상대방의 말이 이해가 안 되었는데도 "네, 알겠습니다."라고 형식적으로 반응을 보이거나 "아, 네네."라고 말한다. 이런 경우는 말의 내용을 완전히 다 이해하지 않고 말하기 때문에 일에서도 성과를 기대하기 어렵다. 그리고 짧게 "네네."라고 말하는 습관은 품위가 떨어져 보이므로 주의해야 한다.

품위 있게 말하는 사람들에게서는 고급스러움이 느껴진다. 사람을 인격적으로 대하는 존중함이 느껴지기에 항상 말이 따뜻하다. 또 자신의 견해보다 상대방을 생각하는 배려가 고스란히 담겨있어서 품위 있는 사람의 말은 상대방의 마음을 움직인다. 그 말은 가격으로 따질 수가 없을 정도로 가치가 있다.

백화점에서 경쟁하고 있는 고급향수보다 숲길을 만들어주는 꽃의 향기가 더 멀리 오래 남는다. 당신의 말에 품위를 담으면 아름다운 꽃향기가 난다. 장미꽃을 다른 사람에게 주면 받는 사람 손에는 장미꽃이 있지만, 장미를 준 사람의 손에는 장미 향이 남아있다는 말이 있다.

당장 손해 볼 것들에 연연하는 것이 아니라 주고도 만족할 수 있는 품위를 가져보자. 삶을 만족하고 나누는 것은 사람 간의 말에서 관계의 품위를 가지고 온다.

< 품위 있게 말하는 법 >

| 1) 정중히 거절하기 |
| --- |
| "감사합니다 + 내 의견" |
| 2) 호의적인 반응하기 |
| "음(미소 짓기)~ 그래요 + 하고 싶은 말" |
| 3) 깔끔한 답하기 |
| 충분히 이해했다면 +"네 알겠습니다." |

▶ 품위 있는 그녀의 대본으로 연습해 보세요.

사모님 : "오수현 작가 그림 전시가 언제지?"

우아진 : "조금 기다리셔야 해요, 사모님. 내달 8일에 예정되어 있기는 하지만 그 전에 사모님께 먼저 연락드리겠습니다."

사모님 : "음(미소를 지으며) 그래요."

우아진 : "사모님 요즈음에는 동양화가 트랜드인데 제가 좋은 화가 몇 분 소개해 드려요?"

사모님 : "그것도 나쁘진 않은데 난 우수영 작가를 초이스했어."

우아진 : "네, 알겠습니다."

▶ 품위 있게 천천히 읽어 보세요.

"낮은 목소리, 사람을 존중하지도 무시하지도 않는 표정, 동사보다는 명사를 이용해 의미 전달을 하고 반드시 짧은 대답은 존댓말, 자신의 의견을 피력해야 하는 순간에는 어미를 축약하는 말버릇, 그리고 사람을 대할 때는 반드시 눈을 바라봐야 해요."

## 5-05
## 센스 있는 사람의 사랑받는 법

　감정노동자보호법이 생겨난 후 기관들에서 전화응대를 통한 커뮤니케이션 강의 요청이 왔을 때의 일이다. 직업상 전화로 상담하는 상담사와 직원들은 강의를 시작하기도 전에 자신들의 고충을 말해주었다. 전화하면 별별 사람이 다 있는데 그중에서 막말하는 사람들이 가장 힘들다고 하였다.

　자신들도 사랑받는 딸이고 엄마인데 말을 함부로 하는 사람들의 요구까지 다 받아주려니 스트레스를 많이 받는 현실이었다.

　전화로 주고받는 말은 고객 응대를 하는 감정노동자뿐만 아니라 모든 사람에게 영향을 준다.

　어느 날 친구와 통화를 했다. 혹시라도 바쁠까 봐 문자로 통화가 가능한지 확인하고 전화를 걸었는데 통화 중에 친구는 "어머, 끊어야 할 거 같아."라고 말했다.

급한 일이 생긴 거 같아 "괜찮아, 다음에 또 통화해."라면서 서둘러 전화를 끊었지만, 괜히 전화를 건 거 같아 마음이 불편했다. 그 후 그 친구에게 먼저 전화를 거는 일은 드물어졌다.

전화하면 어떤 사람과는 빨리 끊고 싶은 마음이 생기고 또 어떤 사람과는 통화한 후에도 자세한 건 만나서 이야기하자며 다음 날 또 만나는 관계도 있다.

보이지 않는 전화에서 말은 그 사람의 이미지를 정하고 지속적인 관계를 이어주기에 정성을 담아 말하는 습관이 필요하다. 말에 조금만 센스를 주어도 유쾌한 통화를 할 수 있고 상대방에게 호감을 살 수 있다.

한 지인이 있다. 그는 "여보세요?"라고 하는 나의 목소리를 듣자마자 빠르게 이렇게 말한다.

"최고의 명강사님, 오늘도 최고의 길만 걷고 계시는 미모의 손정미 강사님 안녕하십니까?"

칭찬으로 시작되는 그의 유쾌한 목소리는 늘 기분을 좋게 하는 마력이 있다. 통화를 하면서도 그의 말에 경청하게 되고, 무슨 부탁을 해와도 흔쾌히 들어주게 된다.

말을 할 때 다른 사람에게 즐거움을 주는 사람은 사랑받는다. 전화에서 자기 할 말만 하고 끊거나, 자기가 알고 싶은 정보만 들으려 하는 사람에게는 마음이 가지 않는다. 코로나와 함께하는 힘든 시기에는 어떻게 지내고 있는지 안부부터 묻고 용기를 주는 사람에게 마음이 가는 것은 당연한 것이 아닐까?

신구개합信口開合이란 사자성어가 있다. 말 나오는 대로 입을 열었다 닫았다 한다는 뜻으로, 말할 때 주의하지 않고 말함을 의미한다. 통화를 할 때 전화를 거는 사람은 할 이야기가 있으므로 자기 생각을 정확하게 말할 수 있지만, 전화를 받는 사람은 상대방이 무슨 용건으로 전화를 걸었는지 알 수가 없다. 상대방이 전화를 받을 수 있는 상황인지 확인하고 상대방을 배려하며 짧게 말해야 한다. 혹 통화를 부담스러워한다면 과감하게 다음을 기약하는 것도 필요하다.


며칠 전 거실에서 딸의 목소리가 들렸다.

"안녕하세요? 선배님~ 잘 지내시나요?"

"선배님, 어떤 일로 전화 주셨을까요?"

학교 선배에게 밝게 인사하면서 안부를 묻고 자기한테 전화를 건 이유를 물었다. 그리고 통화를 마칠 즈음에는 "네, 선배님 다음에 뵙겠습니다. 좋은 하루 보내세요."라고 상냥하게 통화를 마무리하였다.

나는 딸에게 "어쩜 말을 그렇게 예쁘게 해?"라며 칭찬해 주었다.

센스 있는 말이 사랑받는다. 상냥한 목소리와 친절은 보이지 않는 전화에서도 느껴진다. 통화에서도 서로 말을 주고받으면서 그 사람의 외모와 성격, 감정, 근무의 태도, 동료에 대한 배려, 직장에 대한 애정까지 모두 알 수 있다.

당신의 말에 정성을 담아보자. 사소한 한 마디라도 밝은 목소리로 말하여 당신의 전화만큼은 피하지 않고 기다려지게 하자.

당신의 센스 있는 말은 가족과 지인, 그 누구에게라도 어디서든 당신을 사랑받는 사람으로 만들어 준다.

▶ 센스 있게 말하고 사랑받는 법을 익히자

### 1) 전화로 자기소개하기

> a. 인사와 이름 밝히기 "안녕하세요? ○○○입니다."
> b. 상대방의 근황 묻기 "건강하게 잘 지내고 계시죠?"
> c. 전화 건 이유 말하기 "전화한 것은 다름이 아니라 ~입니다."
> d. 통화를 마칠 때 "먼저 끊으세요."+3초 정도 있다 끊기

### 2) 전화 받는 사람이 부재중일 때

> a. 자신의 이름과 전화번호 남기기
> b. 급한 일로 전화했을 때
>   (간단한 메모 부탁 후 용건과 자신의 이름 남기기)

### 3) 대신 전화 받았을 때

> a. 당사자가 아님을 밝히기 "대신 전화 받았습니다."
> b. 부재중 알리기 "전화 받으실 ○○○이 부재중입니다."
> c. 질문하기 "메모를 남겨드릴까요?"
>   (전화 건 사람 이름과 용건, 시간 기록하기)

### 4) 서둘러 끊어야 할 경우

> a. 일정 마무리 후 다시 연락하겠다고 말하기

## 5-06
# 말 잘하는 사람의 특별한 감각

어느 날 친정아버지가 갑자기 병원에 입원하셨다. 병실이 없어서 특실에 누워있던 아버지가 "특실보다 일반실이 더 좋다."라고 했다.

아무도 없는 특실에 혼자 누워있는 것보다 일반실에서 환자들과 이야기 나누는 것이 더 좋다는 것이다. 사람들이 병원의 침대 위치를 가로막혀 있는 벽 쪽보다 창문이 있는 쪽을 선호하는 것도 그런 이유가 아닐까 한다.

이처럼 혼자 사는 세상이 아니기에 우리는 늘 누군가와 소통하기를 원한다.

미국의 경영학자 피터 드러커는 "의사소통에서 제일 중요한 것은 상대방이 말하지 않은 소리를 듣는 것이다."라고 했다.

말을 잘한다는 것은 혼자 청산유수처럼 말 잘함보다 다른 사람과 소통을 잘할 때 진가가 드러난다.

의사소통communication은 사람과 사람 사이의 정보와 생각, 감정이 교환되는 것을 말한다.

한 협회 모임에 참석했다. 모임에 참석한 사람들은 대화의 주제를 서로에게 맞추고 있었다. 그때 한 사람이 말했다.

"요즘 살이 많이 쪄서 스트레스에요. 맞는 옷도 없고요."

그러자 그 옆에 있던 사람이 말했다.

"원래 날씬했어요?"

그 말은 많은 생각을 하는 말이었다. 서로를 잘 모르는 말로 들리기도 했고, 스트레스를 받고 있다던 그녀가 기분이 상했을 거 같다는 생각이 들었다. 또 그녀를 아는 누군가가 "원래 날씬했죠."라고 한마디를 해주면 좋겠다는 생각도 들었다. 이런 생각을 하며 그녀의 얼굴을 쳐다보았다. 예상대로 살쪄서 스트레스를 받고 있다는 그녀의 표정은 유쾌해 보이지 않았다.

만약 그녀가 넉살 좋게 "원래는 좀 날씬했죠."라고 웃으면서 말을 받았으면 어땠을까? 그리고 "원래 날씬했어요?"라고 묻기 전에 "요즘 살쪄서 고민이시군요. 다이어트는 끝이 없는 거 같아요."라고 말했더라면 서로의 대화는 기분 좋게 이어지지 않았을까?

아무렇지 않게 한 말이 상대방의 감정에 파문을 일으킬 수 있다는 것을 염두에 두어야 한다.

말 잘하는 사람들은 상대의 기분을 잘 맞추며 말한다. 말을 할 때 표현하고 싶은 것을 정확하게 말한다. 이렇게 할 수 있는 것은 그들에게 사람의 표정과 기분, 주변 상황까지 관찰하여 말하는 특별한 감각이 있기 때문이다.

심리학 교수 크리스토퍼 차브리Christopher Chabris와 대니얼 사이먼스Daniel Simons가 정의한 '무주의 맹시'라는 현상이 있다. 이 현상은 사람들이 자기가 보고 싶은 것에만 집중하느라 중요한 것을 놓치게 되는 것을 말한다.

두 교수는 사람들에게 검은 셔츠를 입은 팀과 흰 셔츠를 입은 팀 중에서 흰 셔츠를 입은 팀이 공을 몇 번 패스하는지 정확한 수를 맞추는 실험을 하였다. 실험 후 사람들은 흰 셔츠를 입은 팀의 정확한 공 패스 수를 맞추었지만, 실험 도중에 나타나는 커다란 고릴라를 보았느냐는 질문에는 절반 이상이 답하지 못했다고 한다. 사람들은 흰 셔츠 팀의 공 패스 횟수에 집중하느라 고릴라는 보지 못했던 것이다.

무주의 맹시 현상은 우리가 말을 할 때도 나타난다. 말을 시간 내에 잘해야겠다는 생각에 놓치는 것들이 있다. 준비한 원고에만 집중하느라 흥미를 잃고 있는 사람들의 표정을 살피지 못하거나, 미처 준비하지 못한 질문에 당황만 하다 급하게 말을 마무리한다.

말을 할 때 주변을 관찰하면서 상대방의 표정과 말하는 것을 조금만 관찰하여도 이야기의 흐름을 좋게 바꿀 수 있다.

준비한 원고대로만 앵무새처럼 말하지 말고 시시때때로 달라지는 말의 환경에서 능수능란하게 말해 보자.

자기의 말만 잘 전하는 사람보다 함께 말을 잘 나누는 사람이 잘 말하는 사람이다. '말로 천 냥 빚을 갚는다'는 말이 있다. 가정과 직장, 사회에서 생기는 갈등을 말로 해결해보자. 상대방에게 말을 건네기 전 한 번 더 관찰하고 생각하여 자신의 마음을 말로 잘 표현해 보자.

말을 상대방의 입장에서 하면 굳게 닫힌 상대방의 입이 열린다. 말은 유창함보다 서로 주고받는 대화에서 통하기 시작하고, 배려하는 마음이 서로 느껴질 때 갈등은 예방되고 해결된다. 어떤 자리에서든 서로 통하는 대화를 만들고자 한다면 인생의 역경도 거뜬히 이겨낼 수 있다.

▶ 서로 통하는 말하기 기술

**1) 다음 상황을 읽어 보고 말해 보세요.**

상황 a
당신이 가방을 샀는데 누군가 "가방 또 샀어?"라고 말한다면
(당황하지 말고 멋지게 말해보세요)

상황 b
의견이 다른 사람들에게 당신의 생각을 말해야 한다면
(사람들의 표정을 관찰하면서 정중히 말해보세요)

상황 c
아는 한 사람이 머리모양을 바꿨다면
(스타일을 바꾼 사람의 표정과 머리를 보면서 말해보세요)

# 말이 주는 특별한 선물

인생을 바꾸는 말의 알고리즘

## 6-01
## 부자가 되는 말 습관

내가 전업주부였을 때 통장에 삼만 사천오백 원만 남아 있던 적이 있었다. 생활비와 자녀의 교육비 등 나가는 돈은 많은데 들어오는 돈은 없어 한숨이 저절로 나왔다. 그때 하늘을 쳐다보며 말했다.

"저도 돈을 벌고 싶어요. 기적이 일어나게 해주세요."

한 달 뒤 놀랍게도 돈이 통장에 입금되었다. 당시 아이들이 학교에 간 시간을 이용해 K교육기관에서 자격증 취득을 위한 공부를 하고 있었는데, 그 기관에서 스피치 강의를 비롯한 부원장의 직책을 요청받았다.

그 후 나는 자연스럽게 워킹 맘이 되었고 통장을 보며 한숨을 쉬는 일은 사라졌다.

사람의 말에 돈은 반응한다. 길거리에서 아는 사람인 거 같아 이름을 부르면 그 사람이 고개를 돌리듯, 돈은 자신을 알고 부르는 사람에게 찾아온다. 돈을 잘 못 버는 사람들은 돈과 거리가 먼 이야기를 한다.

"난 큰 욕심 없어. 부자 되면 뭐 해? 돈보다도 먼저 행복해야지."

틀린 말은 아니다. 하지만 당신의 입으로 이 말을 내뱉는 순간, 물질의 부자가 되기는 어렵다.

돈에 조급해 하지 않고 여유를 가지려면 돈의 흐름을 알아야 한다.

어릴 때부터 가난이 싫었던 나는 스무 살 때부터 대학원 학비와 미래를 위해 돈을 열심히 모았다. 하지만 큰 목돈이 되었을 때 하루아침에 한 푼도 쓰지 못하고 돈을 잃은 억울한 일이 생겼다.

돈은 자신을 사용할 줄 아는 사람에게 오래 머문다. 모으기만 하고 쓰지 않는 사람을 돈은 좋아하지 않는다.

당신은 돈을 잘 쓰고 있는가?

나처럼 제대로 써보지도 못한 채 아끼고 모은 돈이 하루아침에 사라지지 않도록 자신을 위해 적당히 쓰고 누리면서 모았으면 한다.

말에는 돈을 끌어당기는 힘이 있다. 많은 사람이 부자가 되고 싶어 하지만 돈을 부르는 말은 하지 않고 막연하게 부자가 되었으면 하고 생각만 한다. 부자가 되는 말은 이렇게 해야 한다.

"일이 재미있어. 일하는 게 보람이야. 다음에는 얼마를 벌 거야."

이 방법은 돈을 벌기 위해 하는 일을 즐거워하고 돈을 칭찬하고 구체적인 금액을 넣어 말하는 방법이다.

인기리에 방영되었던 웹툰 드라마 〈이태원 클라쓰〉에서 단밤 사장 박새로이는 자신이 돈을 많이 벌어 10년 후에는 대한민국 최고의 일등 포차가 될 것이라는 말을 수시로 했다. 결국 작은 단밤은 큰 기업이 되었고 사장 박새로이는 성공한 부자가 되었다.

단순한 드라마의 내용이 아니라 실제로 돈은 그렇게 말하는 사람에게 따라간다.

아무리 열심히 돈을 번다고 해도 부자가 되기란 쉽지 않다. 만약 당신에게 1억이 주어진다고 가정해 보자. 당신은 그 돈으로 무엇을 하고 싶은가? 그 돈을 잘 사용할 수 있는 명확한 목표와 목적이 있지 않으면 돈은 당신에게 찾아오지 않는다.

돈을 정확하게 얼마 벌어서 어떻게 사용할지 목표를 세

우길 바란다. 당신이 돈을 벌면 무엇을 할 것이고, 어떻게 사용할 것인지 돈의 흐름을 정확하게 말할 때 돈은 자동으로 따라온다.

어느 기관에서 강의할 때 한 선생님이 이렇게 말했다.

"저는 그냥 조금 벌어 조금만 쓰렵니다."

자신의 능력에 맞게 들어오는 돈에 만족하면 마음은 편하다. 하지만 미리 자기 능력과 부족한 돈에 기죽어 약한 말을 할 필요는 없다.

"나이가 들수록 입은 다물고 지갑은 열어라."

많이 들어본 말일 것이다.

때로는 백 마디 말보다 봉투에 담은 용돈이 자식과 부모님을 더 힘이 나게 한다. 돈이 좋아하는 말을 지금부터 시작해라.

성공하고 잘사는 부르주아 가문들은 하나같이 자녀들에게 어떤 물건을 가지기 위해서는 그만한 노력을 기울여야 한다는 것을 반드시 가르친다고 한다. 하루아침에 로또 복권에 당첨되어 거액을 손에 쥔 사람들은 쉽게 돈을 써버린다. 노동의 대가로 모은 돈이 아니기에 그 돈의 가치를 모르기 때문이다.

'티끌 모아 태산이다'라는 말처럼 아무리 적은 돈도 소중히 여기고 모으면 큰돈이 된다.

말은 돈이 들지 않는다. 말을 바꾸는 노력만 하면 된다. 그 노력은 당신이 원하는 만큼의 물질이 찾아올 수 있도록 도와준다.

| 돈이 싫어하는 말 |
| --- |
| "난 큰 욕심 없어, 부자 되면 뭐 해? 먼저 행복해야지." |
| 돈이 좋아하는 말 |
| "몇 년까지 얼마 벌고 이렇게 써야지." |

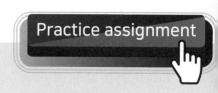
▶ 돈에 대한 당신의 생각은?

1) 만약 10억이 생긴다면 어떻게 사용하고 싶은가요?

2) 앞으로 몇 살까지 얼마의 돈을 벌고 싶은가요?

3) 자신에게 생긴 돈은 어떻게 사용하고 싶은가요?

4) 자신을 변화시킬 수 있는 일에 얼마의 돈을 사용하겠는가요?

5) 다른 사람을 위해 돈을 사용한다면 얼마를 사용하고 싶은가요?

6) 돈은 자신을 어떤 모습으로 바뀌게 할 거 같은가요?

## 6-02
## 충분한 돈이 되는 칭찬의 팁

처음 프리랜서를 선언하고 강의를 시작했을 때의 일이다. '일단 시작하자'라고 생각하고 찾아오는 작은 기회에 최선을 다하면 기회는 연결된다고 생각했다. 제일 먼저 찾아온 스피치 강의를 정성껏 준비하고 강의를 잘하는 나의 모습을 상상하며 연습했다. 그 결과 강의를 들은 담당자로부터 다음에도 강의를 부탁한다는 제안과 함께 다른 기관까지 추천해 주어 강의는 확장되었다.

내가 계속 강의의 요청을 받을 수 있었던 것은 강의에 대한 노력도 있었겠지만, 돈 한 푼 들이지 않고 하는 '말'에 있었다. 강의를 마치고 나오면서 담당자들을 찾아가 인사하고 그날 강의에 대한 교육생들의 변화를 말해주었다. 그리고 강의를 기획한 담당자를 칭찬하였다. 그러면 담당자는 손을 저으며 강사님이 강의를 잘해 주신 결과라며 오히려 나를 칭찬해주었고, 한번 시작한 강의는 계속 연결되었다.

누구나 자신을 좋게 말하는 사람을 선호하고 칭찬받는 것을 좋아한다.

나폴레옹은 칭찬받기를 싫어했던 인물이었다. 어느 날 부하가 "저는 각하를 대단히 존경합니다. 그것은 칭찬을 싫어하는 각하의 성품이 존경스럽기 때문입니다"라고 말하자 흐뭇해했다고 한다. 천하의 나폴레옹도 칭찬에는 약한 인간임을 증명해주는 이야기다.

칭찬은 상대를 돋보이게 한다고 생각하지만, 사실 그 말을 건네는 사람 역시 괜찮은 사람으로 만들어 준다.

칭찬은 사람들의 마음을 움직인다. 열심히 일한 노동으로 당신이 돈을 벌지만, 그 돈을 주는 것은 당신의 노동이나 지식, 물건, 음식 등에 신뢰한 사람이다. 사람을 통해 돈이 흘러온다는 것을 기억하고 칭찬하자.

만약 당신이 열심히 일하여 돈은 벌었지만, 돈을 주는 고용인과 당신의 가족이 수고한 당신을 칭찬하지 않으면 어떨까? 사람들은 가끔 사는 게 재미없다고 말을 한다. 그 누구도 자신을 인정해 주지 않고 칭찬해주지 않아서이다. 칭찬은 자신은 물론 모든 사람에게 꼭 해 주어야 할 말이다.

옛말에 "같은 말이라도 '아' 다르고 '어' 다르다."라는 말이 있다. 칭찬하더라도 어떻게 표현하느냐에 따라 상대방은 다르게 받아들인다. 상대방이 한 일을 구체적으로 칭찬하기 전 당신의 말에 따뜻함을 담아보자.

다음은 칭찬의 단계이다. 사람들은 어떤 결과를 칭찬할 때 잘했다고 말한다. 당신은 어느 단계로 칭찬하고 있는지 살펴보자.

### 1단계 - 잘했다(말만 하는 느낌)

잘했다는 칭찬이긴 하지만 말만 하는 건조한 느낌이 든다. 듣는 이로 하여금 마음을 다해 칭찬해주는 생각이 전혀 들지 않고 말하는 사람의 딱딱한 표정과 말투까지 생각나게 한다.

### 2단계 - 잘~했다(일만 잘했다는 느낌)

잘~ 끝을 살짝 늘여주어 "잘~했다."라고 말하면 일은 칭찬하고 그 일을 한 사람은 칭찬하지 않는 느낌이다.

### 3단계 - 잘했~다(뜻밖의 일에 놀라는 느낌)

2단계보다는 좋게 들리지만, 잘했~다는 칭찬의 일이 조금은 뜻밖이라는 느낌을 준다.

### 4단계 - 잘했~다~(축하해 주는 느낌)

잘했~다~는 일과 그 일을 한 사람까지 칭찬해 주는 느낌이다.

### 5단계 - 와! 정말 잘~했~다~(진심으로 축하하는 느낌)

와! 정말 잘~했~다~는 칭찬하는 사람의 마음에서 진심이 느껴진다.

당신은 칭찬의 단계가 높아짐에 따라 따뜻한 느낌이 들었을 것이다. 1단계 '잘했다' 같이 말만 하면 말은 상대방에게 따뜻한 느낌을 주지 못하지만, 5단계 '와! 정말 잘~했~다~'처럼 말하면 진심으로 축하하는 느낌을 주어 따뜻한 칭찬이 된다.

당신이 돈을 많이 벌고 부자가 되고 싶다면 상대방에게 진심을 담아 칭찬하라. 진심은 자신도 모르게 '잘했다'를 말하기도 전에 '와우, 오, 정말' 등의 감탄이 절로 나오게 한다. 감탄과 함께 하는 칭찬은 듣는 이를 신바람 나게 하고 더 잘할 수 있게 힘을 준다.

칭찬에 따뜻한 온도를 담자. 혹 칭찬이 아닌 충고를 하더라도 진심을 담은 따뜻한 말 한마디는 상대방의 심장까지 데워 자신을 걱정하는 마음으로 들리게 한다. 당신의 따뜻한 마음에서 우러나온 칭찬은 어디서든 꼭 통하고 돈도 그 소리를 듣고 따라온다.

| 따뜻하게 칭찬하는 법<br>(말에 따뜻함을 담기) |
| :---: |
| 감탄사+ 따뜻하게 말하기+ 칭찬의 구체적인 내용 |
| 와우! + 대~단~한~데~ + 대단한 내용 |
| 오~ + 잘~했~다~ + 잘한 내용 |
| 정말~ + 애~썼어요^^ + 애쓴 내용 |

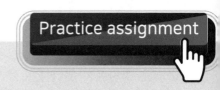

▶ 따뜻함을 담은 칭찬 말하기

1) 감탄사+따뜻하게 말 늘리기+칭찬의 구체적인 내용을 말해
주세요.

상황 a
모처럼 일찍 출근한 직원을 본다면…

상황 b
복도에서 직원과 마주친다면…

상황 c
주말 아침 일찍 일어난 가족을 본다면…

## 6-03
## 브랜드로 성장하는 말

　어느 날 마틴 셀리그만의 긍정심리를 공부하면서 나의 성격 강점을 찾게 되었다.

　나의 가장 대표적인 3가지 강점은 희망, 친절, 공감이었다. 이 강점들은 인생을 살면서 내가 일부러 애쓰지 않아도 내게서 나오는 자연스러운 것들이었다. 어떤 일에도 희망을 버리지 않는 것, 사람을 만나면 상냥하게 말하고, 힘든 사람이 있으면 도와주려는 성격 강점은 내 삶에 상당한 영향을 주고 있다.

　당신만의 강점을 찾아라. 당신의 강점은 무엇인가?

　강점, 그것은 남보다 뛰어난 것 남보다 잘하는 것이다. 당신의 강점이 사람들에게 더 나은 것을 제공하고 어떤 문제를 해결할 수 있는 열쇠로 사용된다면 당신의 강점은 더

욱 가치가 있다.

인생에서 가치 있고 귀한 브랜드는 바로 '나'라는 브랜드이다. 커트 코베인은 이렇게 말했다.

"나답지 않은 모습으로 사랑받을 바에는 본연의 내 모습 때문에 미움받는 게 낫다."

말을 할 때 누군가를 흉내 내서 말하면 어색하다. 지금의 나의 모습이 가장 나답고, 나답게 말할 때 나만의 특화된 브랜드를 만들 수 있다.

당신의 말이 브랜드가 될 수 있다. 그것은 사람들이 당신의 말을 믿고 따를 수 있도록 자신의 전문성을 키우면 자동으로 이루어진다. 몸이 아플 때 의사의 말에 따라 치료받고자 하고, 처방해주는 약을 먹으며 건강해지기를 기다리듯이 사람들은 전문가의 말을 신뢰한다.

≪부자 아빠의 투자 가이드≫란 책에서 부자 아버지는 기요사키에게 이렇게 말한다.

"돈이 있어야 돈을 벌 수 있는 것이 아니다. 부자와 가난한 사람의 차이는 그들이 사용하는 말에 있다. 사람들이 자주 사용하는 단어를 들어보면 그들의 과거와 현재, 그리고 미래까지 예측할 수 있다. 부자 아버지가 쓰는 단어는 '시가 비율, 현금 흐름, 금융 레버리지'등이지만, 가난한 아버지의 단어는 '시험 점수, 정부 보조금, 임기' 같은 것이다."

부자와 가난한 사람의 말에서 무엇을 느꼈는가? 사람들은 자신의 관심사에 따라 단어를 선택하고 말한다. 그 사용하는 말에 따라 부와 인생이 달라진다.

당신은 어떤 것에 관심이 있는가? 어떤 단어에 이끌리는가?

당신이 전문가가 되고 브랜드로 성장하려면 하룻밤을 꼬박 새워도 힘들지 않고, 기분 좋게 몰입할 수 있는 그것을 찾아라.

당신이 브랜드가 되려면 자신의 관심과 자신에게 어울리는 분야의 전문용어들을 찾고 부지런히 말하는 것부터 시작하라. 그것이 당신을 브랜드로 성장시킬 전략이다.

브랜드는 당신의 가치를 어떻게 사용하느냐에 따라 성패가 좌우된다. 남다른 당신의 가치를 올리려면 끊임없이 배워야 한다. 같은 분야에서 10년이나 일을 했다고 해도 급변하는 사회에서 살아남으려면 끊임없이 자기 계발을 해야 한다.

배우는 열정을 가져라. 배우지 않고 거저 무언가가 되려는 것은 허무맹랑한 소리다. 배움이 있는 사람의 길은 늘 단단하고 흔들리지 않는다. 그 지속성이 브랜드를 만들고 유지하게 한다.

"이제 시작해서 되겠어요?"

늦었다고 생각하지 마라.

미켈란젤로는 89세의 나이로 생을 마감하기 6주 전까지 '론다니니 피에타'를 조각하였고, 베르디는 아베마리아를 작곡한 나이가 85세였다. 작가 마리온 하트는 54세 때 비행기 조종법을 배웠고 마지막 비행을 한 나이가 83세였다. 지금 당신을 브랜드하는 시기는 절대 늦지 않았다.

당신이 브랜드로 성장하려면 사람들이 당신을 신뢰할 수 있어야 한다. 에드워드 마셜은 "사람들이 진심으로 서로 신뢰할 때 속도가 생긴다."라고 했다.

사람들은 말과 행동이 일치하는 사람에게 신뢰한다. 작은 것 하나라도 자신이 한 말은 반드시 지키자.

'내일은 일찍 일어나서 운동해야지'라고 자신에게 한 결심이든 그 어떤 것이라도 당신이 내뱉은 말은 행동으로 옮겨져야 한다.

작은 신뢰를 깨지 않고 책임을 다하는 당신의 모습에서 사람들은 오래도록 함께 일하고 싶어 한다. 그것은 당신에게 남다른 강점으로 나타나고 브랜드가 되는 말의 약속이다.

▶ 당신이 브랜드가 되는 질문

1) 당신의 강점은 무엇인가요?

2) 당신이 관심 있어 하는 분야는 무엇인가요?

3) 하룻밤을 꼬박 새워서라도 완성하고 싶은 것이 있는가요?

4) 전문가가 되기 위해 배워야 할 것은 무엇인가요?

5) 지금 당장 행동해야 할 것은 무엇인가요?

## 6-04
## 자존감을 2배로 높이는 말

어느 날 성인의 자존감 회복을 위한 그림책 테라피를 강의하였다. 이날 진행한 그림책 ≪넌 아름다워≫에 이런 말이 있다.

"넌 아름다워. 같은 얼굴의 꽃은 없어. 살아가는 이유 태어난 이유는 너만의 것이니."

성인 학습자들은 이 말에서 위로받았다고 한다. 학습자들에게 자신을 스스로 가치 있게 여기고 존중하는 마음이 생긴 것이다. 그것은 성인 학습자들의 자존감이 회복되는 순간이었다.

20대의 자존감 조사에 따르면 자존감이 낮아지는 이유가 SNS를 통해 타인의 행복해하는 사진과 동영상을 볼 때라고 하였다.

20대를 훌쩍 넘어선 나 역시 일상을 떠나 차에서 캠핑했다며 카톡으로 보내는 지인의 사진을 보면 부럽다는 생각이 든다.

그리고 코로나로 매일 온라인 강의 속에 사는 나를 비교하면 우울해진다.

다른 사람들과 자신을 비교하는 순간 스스로 자존감이 낮아진다.

"나는 왜 이 모양일까?"

비교에서 시작된 마음에서 우러나오는 말이다. 이런 말은 자신의 인생을 만족하지 못하게 한다. 하지만 잠시 비교 속에 빠져있던 내가 나에게 이렇게 말을 건넨다.

"나는 사람들이 내게서 에너지를 받고 변화하는 모습을 좋아하는 사람이지. 그래서 난 강의를 즐기는 사람이지."

이렇게 하면 친구의 캠핑 사진을 보며 우울했던 마음은 싹 사라진다.

당신의 자존감을 깎아내리게 하는 것은 무엇인가? 놀랍게도 그것은 바로 당신일 것이다. 당신이 자신을 가까운 가족과 잘나가는 사람들을 보며 자신을 초라하게 여기고 스스로를 한심한 사람으로 여길 때가 많기 때문이다.

자존감이 낮아지지 않으려면 자신을 잘 이해하고 잘 아

는 것이 중요하다.

같은 하늘 아래 똑같은 길을 걸어가는 사람은 없다. 그러니 자신을 다른 사람과 비교할 필요도 없고 다르다고 속상해야 할 이유도 없다.

삶은 당신 것이다. 즐겁게 살아가려고 해도 생각처럼 쉽지 않고 긴 마라톤과 같은 인생이 힘겹게 느껴지는 것은 지극히 당연하다.

당신의 말을 관리하자. 자존감은 자신이 행복할 때 높아진다.

당신이 행복할 수 있는 말을 하라. 그것은 감사에서 시작된다.


"세상에서 가장 지혜로운 사람은 배우는 사람이고 세상에서 가장 행복한 사람은 감사하며 사는 사람이다."


지나간 것들에 대해 감사하자. 당신이 지금까지 살아오면서 감사한 것은 무엇인가? 작은 것들이라도 떠올려보고 말할 때 행복해진다.

헬렌 켈러는 이렇게 말했다.

"우리가 가진 것 때문에 감사하는 것이 아니요, 우리의 된

바로 인해 감사한다.”

어쩌면 우리는 너무 가진 게 없고 부족하다고 생각해서 감사를 못 하지 않았을까?

세상에 완벽한 사람은 없다. 당신의 부족한 것은 어느 한 부분이고 타인보다 조금 부족할 뿐이다. 있는 그대로의 나를 받아들이자. 자신을 아끼고 긍정적으로 받아들이면 자존감은 높아진다.

그럼에도 불구하고 감사하자. 안 되는 것들에 대해 연연해하지 말고 잘 풀리지 않아도 감사하면 당신의 생각이 달라지고 삶이 바뀐다. 잘 풀리지 않았던 것들은 당신이 하지 않아도 될 것들이다.

미리 감사하자. 당신이 원하는 일이 이루어질 수 있도록 미리 감사하는 말을 해 보자. 나는 이것을 ‘선 감사’라고 한다.

선 감사의 방법은 당신이 갖고 싶은 것이 있다면 갖고 싶은 것을 가졌다고 생각하고 미리 감사하는 것이다. 하고 싶은 일이 있다면 그 일을 구체적으로 말하고 “감사합니다.”라고 말한다.

앞으로 어떤 사람이 되고 싶다면 그 사람이 되었다고 생각하고 “감사합니다.”라고 말해 보라. 선 감사의 말 습관은 당신에게 새로운 에너지를 제공한다.

감사로 자존감을 관리하자. 감사는 당신의 자존감을 2배로 높여준다. 그 누구와도 당신을 비교하지 않게 하고, 당신의 마음을 행복하게 만든다.

| 자존감을 2배로 높이는 감사 |
|---|
| 1) 지난 것들에 감사 |
| 2) 있는 것에 감사 |
| 3) 그럼에도 불구하고 감사 |
| 4) 미리 말하는 선 감사<br>　① 갖고 싶은 것 + ○○ + 감사합니다.<br>　② 하고 싶은 일 + ○○ + 감사합니다.<br>　③ 되고 싶은 사람 + 이런 사람 + 감사합니다. |

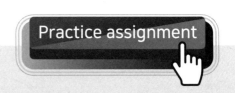

▶ 감사의 말로 자존감을 2배로 높여 보세요.

1) 자신이 과거 감사했던 순간을 떠올려보고 적어보세요.

2) 최근의 감사하고 싶은 것은 무엇인가요?

3) 미리 감사할 것들을 세 가지씩 적어보고 말해 보세요.

    a. 갖고 싶은 것+(              )+감사합니다.
    b. 하고 싶은 일+(              )+감사합니다.
    c. 되고 싶은 사람+(            )+감사합니다.

## 605
## 인생을 바꾸는 행복의 말 기술

아카데미 시상식에서 영화 〈미나리〉로 여우조연상을 받은 배우 윤여정의 수상 소감은 유명하다. 윤여정은 미나리 제작자 브래드 피트에게 영화를 찍고 있을 때, "당신은 어디에 있었냐?"라며 익살스러운 말로 수상 소감을 시작했다. 경쟁 후보자들에게는 서로가 다른 역할이었기에 경쟁할 수가 없고, 자신은 운이 조금 좋아서 여기 있을 뿐이라고 말했다. 그리고 두 아들에게 소감을 전했다.

"저를 밖에 나가서 일하게 만든 두 아들에게 감사하고 싶습니다. (트로피를 들며) 사랑하는 아들아, 이게 그 결과란다. 엄마가 일을 열심히 했거든."

전 세계인의 마음을 한순간에 사로잡은 그녀도 살면서 힘든 순간이 찾아왔을 것이다. 그 역경을 잘 견뎠기에 트로피를 들고 말하는 그녀의 모습은 더 아름다웠다.

독일 베를린의 막스 플랑크 교육연구소는 15년 동안 지혜로운 사람들의 공통점을 연구했는데, 지혜로운 사람들은 내부분 역경이나 고난을 극복한 사람이라고 한다. 지혜로운 사람들이 위기를 잘 극복할 수 있는 이유는 앞으로 좋은 날이 꼭 올 거라고 믿고, 열심히 살아가기 때문이다. 그들의 말은 늘 긍정적이고 희망적이다. 그것이 성공하는 사람들의 지혜이기도 하다.

반면 인생의 고비를 만났을 때 지혜가 부족한 사람들은 힘든 현실 앞에서 자신도 모르게 이런 말을 한다.

"왜 나한테만 이런 일이 생기는 거야."

"이제 그만하고 싶다."

"힘들어."

불평과 불만이 가득 찬 말로 힘든 상황을 더 악화시킨다.

"퉁명스러운 말투는 들어온 복도 깨뜨린다."라는 말이 있다. 인생에서 뜻대로 일이 잘 풀리지 않을수록 말을 조심해야 한다. 부정적인 말을 함부로 사용하면 잘 풀리지 않는 인생이 된다.

"산속에 꽃이 있으면 젊었을 땐 그 꽃을 꺾어서 갔지만 지금은 그냥 놓고 오죠. 그리고 다시 가서 보죠. 그게 인생과 마찬가지죠. 그냥 있는 그 자체로 놔두는 것, 근데 그게 쉽지 않죠."

넷플릭스 드라마 〈오징어 게임〉에 출연했던 배우 오영수의 인터뷰 속 이야기처럼 누구나 쉽지 않은 인생에서 산다. 젊을 때는 젊어서 힘들고 나이 들면 나이 들어 힘들다. 사람들은 삶에서 안간힘을 쓰며 살아가다 한순간에 지칠 때가 있다.

한 조사에 따르면 직장인의 85%가 일에만 매달리다 모든 일에 싫증이 난다고 한다. 삶에 대한 열정으로 뭐든 잘하고 싶은 사람일수록 삶에 온 열정을 쏟기 때문에 몸과 마음이 지쳐 에너지가 소진되는 '번 아웃'을 만난다고 한다.

인생을 살면서 번 아웃과 같은 힘든 순간을 만났을 때 말의 힘이 필요하다. 말로 삶의 방향을 바꿀 수 있도록 자신이 어떤 말을 들으면 기분이 나아질지 묻고 잠시라도 쉴 수 있어야 한다.

'그동안 해 온 게 있는데…'라는 생각은 내려놓자. "인생은 속도가 아니라 방향이다."라는 말이 있듯이 전속력으로 달리려고만 하지 말고 정해진 방향으로 천천히 즐기며 살아가자.

"인생은 폭풍우가 지나가기를 기다리는 것이 아니라 빗속에서 춤추는 것을 배우는 것이다."

　잠시 잘 안 되는 일을 내려놓고 나만의 장소에서 즐기며 다시 잘 될 수 있는 말의 씨앗을 심어보자.
　당신은 어떤 말을 들으면 행복한가? 그 말을 자신에게 들려주는 지혜를 발휘하라. 당신을 위한 좋은 말, 행복의 말 씨앗을 하루에 한 개씩 꺼내어 말해 보자.

### 행복의 말 씨앗

고생했어
괜찮아
힘들었지
마음 가는 대로 해
너무 애쓰지 마
이런 나도 좋아
기다릴게
이대로 충분해

매일매일 행복해지는 말 연습을 하자.

정신분석학자 아들러는 ≪인생에 지지 않을 용기≫에서 "자기 자신을 기쁘게 해주기 위해서는 남을 먼저 기쁘게 해주라."고 했다.

당신뿐만 아니라 가족과 지인, 다른 사람들에게 행복의 말 씨앗을 나눠주자. 당신이 나누는 행복의 말 씨앗은 다른 사람들의 인생에도 보약이 된다.

잘 살기 위해 말하지 말고 행복하기 위해 말하라. 행복의 말 씨앗을 지혜롭게 사용함으로써 말처럼 행복해지자.

| 번 아웃을 만날 때 |
|---|
| 1) 잠시 쉬기 |
| 2) 행복의 말 씨앗 꺼내기 |
| 3) 행복의 말 하기 |

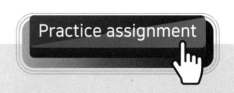
▶ 나를 행복하게 하는 말 연습

---

**행복의 말 씨앗**

고생했어
괜찮아
힘들었지
마음 가는 대로 하자
너무 애쓰지 마
이런 나도 좋아
기다릴게
이대로 충분해

---

1) 행복의 말 씨앗을 읽어 보세요.


2) 자신을 행복하게 하는 말 씨앗을 찾아 말해 보세요.


3) 자신이 생각하는 행복의 말 씨앗을 적어보세요.


4) '이 말을 들으면 난 행복해'를 적고 말해 보세요.

말로 사람을 기분 좋게 하는 사람들은
매력적이고 참 근사하다.
사람들에게 비싼 선물을 준비하지 않아도
말 한마디로 사람을 즐겁게 하니 얼마나 멋진가?

# 인생이 바뀌는 말의 표현법

•

당당한 리더의 말하기

## 7-01
# 리더의 세련된 자기소개법

어느 날 한 친구에게서 전화가 왔다. 친구는 앞으로 자신을 '김세은'으로 불러달라고 했다. 친구가 개명한 것이다.

"원래 이름 괜찮았는데 왜 바꿨어?"라고 묻자 오래전부터 바꾸고 싶었는데, 이름을 바꾸면 하는 일들이 더 잘될거 같아 바꾸었다고 하였다. 이야기를 나누는 도중에 친구의 새 이름을 의식하면서 여러 번 불러 주었다. 통화를 마치고도 새 이름을 잊지 않으려고 "김세은, 김세은"이라고 되뇌었다.

한창 예능 프로그램에서 '부캐'라는 말이 이슈다. 부캐는 원래 온라인 게임에서 유래한 말인데, '부 캐릭터'의 줄임말로 주력으로 키우는 캐릭터가 아닌 부수적으로 키우는 캐릭터를 가리켜 부캐라 한다. MBC 〈놀면 뭐하니?〉에서 유재석은 트로트 가수 유산슬, 드러머 유고스타 등 다양한 부캐를 가지고 활동하였다. 그룹 싹스리에서 그는 유두래곤이란 부캐로 활동하였고, 가수 이효리는 G린다의 부캐로 가수 비는 비룡의 부캐로 음원 차트 1위와 가요 프로그램 1위를 차지했다.

부캐는 굳이 개명하지 않고도 자신의 이름에 변화를 줄 수 있는 방법으로 연예인뿐만 아니라 일반인들도 자신의 이름 대신 다양한 부캐로 SNS에서 활동한다. 어떤 이는 여러 계정을 이용하여 자신이 정한 부캐에 맞게 영상과 사진을 올리거나 글로 당당하게 자신을 표현한다. 이것은 자신의 캐릭터를 재설정하고 자신감을 찾는 이름 짓기라고 볼 수 있다.

기업은 조직의 목표와 가치관을 담은 회사 이름으로 정체성을 나타낸다. 기업이 사람들에게 브랜드로 인지되기 위해 '브랜드 명칭'을 정하는 것처럼, 나는 강사들을 훈련하거나 말을 잘하기 위해 찾아오는 사람들에게 '브랜드 명칭'으로 자기소개를 하게 한다.

브랜드 명칭은 자신이 전문가가 되기 위한 시작이고 프로패셔널한 자기소개가 된다. '브랜드 명칭'은 자신이 어떤 전문가인지, 어떤 가치관이 있는지를 알리는 전략이기에 당신은 평범하지 않게 된다.

방법은 자신을 한마디로 정의하고 자신의 이미지에 맞는 말을 선택해야 한다. 자신의 이름 앞에 사람들로부터 불리고 싶은 수식어명사, 형용사를 붙인다. 예를 든다면 나의 이름 앞에 '휴먼디자이너'라는 단어를 붙인다. 그리고 사람들에게 나를 소개할 때 "안녕하세요? 휴먼디자이너 손정미입니다."라고 소개한다. 일반적인 스피치 강사라고 말하기보다 휴먼디자이너의 명사를 붙여 사람의 브랜딩을 돕는 전문가임을 밝힌다. 이렇게 이름 앞에 수식어 명사나 형용사를 붙이면 자신의 이름은 브랜딩이 되어 일의 전문성이 보인다.

자신을 소개할 때 당신은 이름 앞에 무엇을 넣어 표현하고 싶은가? 지금 자신과 잘 어울리는 단어를 떠올려보라. 어울리는 것이 어떤 것인지 모르겠다면 분야를 정해 보자. 다음 세 가지의 질문에 천천히 답해보자.

첫째, 나는 어떤 사람이 되고 싶은가?
둘째, 내가 좋아하는 것은 무엇인가?
셋째, 내가 잘하는 것은 무엇인가?

이 질문에 답을 했다면 당신이 되고 싶은 것, 좋아하는 것, 잘하는 것 중에서 다른 사람들에게서 불리고 싶은 수식어를 명사 또는 형용사로 만들어 보자. 그리고 자신의 이름 앞에 그것을 붙여 말해 보라. 한 번만 말하지 말고 익숙할 때까지 여러 번 소리를 내어 말해 보자.

이제 자신을 소개할 때 어디를 가든지 자신의 이름 앞에 ~~~한+자기 이름, 혹은 불리고 싶은 부케+자신의 이름을 넣어 자신 있게 말해 보자.

## ~한+자기 이름/~~~+자기 이름

이렇게 이름 앞에 수식어를 붙여 말하면 앞으로 당신은 그런 사람이 된다. 사람들 앞에서 자신을 소개할 때 수식어를 붙여 말하는 습관은 자신도 모르게 말을 할 때마다 그런 사람이 되고자 노력하게 한다. 어느새 사람들도 당신을 그런 사람으로 인식하고 수식어가 붙은 이름으로 당신을 부른다.

이제 본격적으로 이름 앞에 붙을 나만의 수식어를 찾고 준비하자. 사람들 앞에서 당당하게 자신을 어필시킬 당신만의 키워드를 정하고 그것을 하루 3번 반복하여 말해 보라.

말, 당신이 원하고 바라는 사람으로 당신을 디자인한다.

▶ 자기소개를 위한 이름(브랜드명) 만들기

1단계 - 자신이 되고 싶은 것을 적어보세요.

2단계 - 자신이 좋아하는 것을 적어보세요.

3단계 - 자신이 잘하는 것을 적어보세요.

4단계 - 브랜드명 만들기

  a. 되고 싶은 명사+이름

  b. 하고 싶은 것+이름

  c. ~~~한+이름

▶ 완성된 나의 브랜드 명칭을 적어보세요.

## 7-02
## 같은 말이라도 재미있게 하는 법

"유머 감각이 없는 사람은 스프링이 없는 마차와 같다. 길 위의 모든 조약돌마다 삐걱거린다." - 헨리 와드비쳐

온라인으로 강의하는 요즈음 줌ZOOM으로 처음 만나는 교육생들은 화면에서 서로 어색해한다. 그때 온라인시스템을 점검 중이라 말하고 제 목소리가 잘 들리면 손들어 달라고 말한다. 그리고 "강사가 예쁘게 잘 나오면 손들어 주세요." 라고 말하면서 오른손으로 나의 머리카락을 뒤로 넘긴다. 그러면 교육생들은 웃으며 손을 든다.

이어서 "네~ 온라인시스템은 완벽한 거 같네요. 이제 강의 시작하겠습니다."라고 아무렇지 않은 표정을 지으며 강의를 시작하면, 교육생들은 웃으면서 강의에 몰입한다. 그리고 강의를 마친 후에 강의가 재미있었다고 말해준다. 내게 특별한 유머 감각은 없지만, 재미있는 말의 표현은 서로가 즐겁다.

말로 사람을 재미있게 하고 기분 좋게 하는 사람들은 매력적이고 참 근사하다.

사람들에게 비싼 선물을 준비하지 않아도 말 한마디로 사람을 즐겁게 하니 얼마나 멋진가?

말을 단순히 잘하는 사람보다 말을 재미있게 하는 사람이 더 말 잘하는 사람이다. 왜냐하면 둘 다 말을 잘해야 가능한 일이기도 하지만, 재미있게 말하는 사람은 사람들을 더 강하게 끌어당기기 때문이다.

같은 말이라도 재미있게 말하는 사람은 어디를 가든 주목받고 환영받는다. 재미를 주는 사람의 말을 들으면 시간 가는 줄 모르고 이야기를 듣게 되고, 많이 웃게 되어 마음마저 행복하다.

자신 있게 말하기가 어려운 사람은 의기소침해서 이렇게 생각할 것이다.

"사람들 앞에서 자신 있게 말하기도 어려운데 재미있게까지?"

걱정할 거 없다. 재미있게 말하는 것 역시 연습하면 잘 할 수 있다. 타고난 개그맨처럼 말하지는 못하지만 연습하면 썰렁한 말도 재미있는 말이 된다.

재미없게 말하는 사람은 이런 특징이 있다. 이야기를 하기 전에 자신이 먼저 웃어 보인다. 거기다 말하면서 계속 웃는다. 그렇게 계속 웃으면서 말하면 이야기 전달이 제대로 되지 않는다. 아무리 재미있는 이야기라고 해도 내용이 귀에 들어와야 듣는 사람도 웃을 타이밍을 갖게 된다. 설령 내용이 재미있다 하더라도 말하는 사람의 웃는 소리에 이야기가 묻힌다면 정작 듣는 사람에게 웃을 수 없는 이야기가 되고 만다.

말에 재미를 주고 싶을 때는 다음의 세 가지를 기억하라.

**첫째, 장면이 상상되도록 구체적으로 말하라.**

당신의 이야기를 듣는 사람이 이야기를 들으면서 상상의 시간을 가지게 하는 것이다. 예로, '먹방' 교수로 불리는 개그우먼 이영자가 맛있는 음식을 먹으며 말할 때를 떠올려보라. 화면에서 음식을 먹고 있지 않지만, 그 먹는 것을 설명할 때 당신은 어떤가? 머릿속에 음식이 떠오르고 맛있게 먹고 있는 모습이 상상된다. 그리고 당신도 모르게 입에 침이 고인다. 또 실제로 음식을 먹고 있을 때는 먹고 있는 모습부터 말하는 표정, 그 식감에 대한 말의 묘사들이 정말 맛깔스럽다. 그 모습을 보면서 당신도 모르게 TV에서 먹고 있는 음식을 곧바로 주문하게 된다. 너무 늦은 시간이면 내일이라도 꼭 먹어야겠다는 생각이 들면서 그 음식을 떠올리게 된다.

**둘째, 이야기의 기대감을 주지 마라.**

말을 재미없게 하는 사람은 재미있는 장면을 말하기 전 이렇게 시작한다.

"내가 재미있는 이야기 하나 해줄게."

이렇게 말하면 듣는 사람은 이야기를 듣기도 전에 기대감이 떨어져 흥미를 잃는다. 마치 드라마나 영화의 이야기를 다 알고 보면 재미없는 것과 같다. 그러니 이야기를 다 들은 후에도 "아~ 뭐야, 재미없잖아."라고 기대에 못 미쳐함은 당연하다.

사람들에게 기대감을 주지 말고 그냥 이야기를 시작하라.

웃긴 이야기는 정색하고 말하는 것이 반전이 있어서 재미있다.

평소 점잖고 전혀 그렇게 말할 것 같지 않은 사람이 재미있는 이야기를 할 때 어떤 생각이 드는가?

'그렇게 안 보이는데 재미있는 사람이네.'

'웃긴 이야기를 어떻게 안 웃으면서 말할 수 있지?'

**셋째, 맛있게 말하라.**

말이 맛있게 전해지도록 말의 묘사에 신경을 쓰자. 쇠고 깃국을 먹는데 간이 싱거우면 어떤가? 국간장이나 소금을 더 넣어 국의 간을 맞추지 않는가.

말도 조미료를 넣듯 맛있게 표현하면 훨씬 더 재미있는 말이 된다. 이야기의 중요도에 따라 강조하고 싶을 때는 목소리를 높이고 그렇지 않을 때는 낮추는 등 말의 강약을 살려야 한다.

맛있게 말하려면 목소리의 높이를 조절해 보자. 목소리의 높낮이를 수시로 바꾸어 가며 말해보자. 단조로운 말에 생동감이 생긴다. 거기다 이야기의 내용에 맞는 표정을 넣어 말하면 이야기와 표정이 일치되면서 말은 더 이상 지루하지 않게 된다.

예로 '쫄깃쫄깃하다'를 말할 때 밋밋하게 '쫄깃쫄깃하다'라고 말하지 않고, 눈을 조금 감고 왼쪽 어깨를 살짝 올리며 엄지와 검지를 살짝 구부리는 손동작까지 넣어 말하면 식감까지 느끼게 된다.

당신의 말도 연습하면 재미가 살아난다. 밋밋한 말에 재미있는 소스들을 넣어 연습해 보자. 당신의 이야기도 어느새 사람들을 끌어당기고 재미있다고 입소문이 난다.

<재미있게 말하는 법 >

| 1) 상상하게 구체적으로 말하라 |
| --- |
| **듣는 사람이 이야기를 연상되게 말하기** <br> (이야기의 내용을 구체적으로 표현하기) |
| 2) 기대감을 주지 마라 |
| **말하는 사람에 대한 기대감 빼기** <br> (당신의 이미지에 반대되는 이야기나 표정으로 반전 넣기) |
| 3) 맛있게 말하라 |
| **말의 재미있는 소스를 넣어 맛깔스럽게 표현하기** <br> (말의 강약 조절, 말의 높낮이, 말의 퍼즈, 내용에 맞는 표정 등) |

▶ 재미있게 말하기에 도전해보세요

1) 음식을 만드는 과정을 생각해 보세요.

2) 음식의 모습과 맛을 생각해 보세요.

3) 음식을 먹는 사람들의 표정을 생각해 보세요.

▶ 이야기의 주제를 정하고 원고를 쓰고 재미있게 말해 보세요.

## 7-03
## 일상 대화에서 재치 있게 말하는 법

주말 아침 식사 준비를 위해 주방으로 갔다. 식탁 위를 보니 어젯밤 딸이 먹던 간식 그릇이 그대로 놓여 있었다.

잠시 후 딸이 눈을 비비며 주방으로 나왔다.

"누가 간식 먹고 안 치웠을까?"

그러자 딸이 말했다.

"나는 아니야."

분명 어젯밤 딸이 식탁에 앉아서 핸드폰을 하면서 간식 먹는 것을 봤던 터라 "정말이야?"라고 물었다. 딸은 "나는 아니고 어제의 내가 먹은 거 같아."라고 말했다. 그 순간 나도 모르게 헛웃음이 나왔다.

"허. 어이구."

하지만, 그런 딸이 얄밉지 않았다.

말 잘하는 사람들은 재치가 있어 일상의 대화에서도 빛이 난다. 난처한 질문을 받을 때도 임기응변을 발휘하여 말을 이어가고 자연스럽게 화제를 돌린다. 가끔 그것을 눈치를 챌 수도 있지만 느껴지지 않도록 잘 대처한다. 무심코 그냥 툭 내뱉는 말인데도 '아!'라는 감탄이 절로 나오게 한다.

≪말 잘하는 사람은 잡담부터 합니다≫라는 책에서 사람 중에는 매일 잡담만 하는 것 같은데 이상하게 업무 실적이 좋은 사람이 있다고 한다. 그 사람의 주변에는 언제나 사람들이 몰리고, 똑같은 말을 해도 상사는 그 사람의 말에 귀를 기울이는 데다 거래처에서도 잡담에 능한 그 사람을 찾는다고 한다.

"아마추어는 본론부터 꺼내지만, 프로들은 잡담으로 시작한다."라는 말이 있듯이 말 잘하는 프로들은 일상에서도 자연스럽게 말을 한다.

복도에서 만나는 직장 상사를 보면 그냥 지나치지 않고 말을 먼저 한다.

"어 과장님, 옷 사셨어요?"

카페에서 친구와 만나 커피를 마실 때도 먼저 말을 시작한다.

"우리 뭐 먹을까?"

"너 카페라떼 좋아하지?"

자연스럽게 말을 이어가며 분위기를 끌고 간다. 오랜만에 길거리에서 아는 사람을 만나도 먼저 "오랜만입니다."라고 말하고 악수까지 청한다. 그들은 가족, 직장, 지인과의 모임 어떤 곳에서도 말할 소재를 놓치지 않고 재치를 발휘하여 말한다.

그런 사람들을 향해 "참, 말 잘한다. 재치 있다."라고 표현한다.

대체로 말 잘하는 사람은 말할 때 남을 의식하지 않고 뻔뻔하게 말을 잘한다. 때와 장소, 상황에 어울리는 말로 순발력을 발휘하기 때문에 그 말은 재치 있게 들린다.

일상에서 말의 재치를 키우려면 당신의 눈에 보이는 대로 생각이 떠오르는 것을 바로 말하는 습관을 들여야 한다. 거기에 생각을 덧입히면 말의 재치는 한결 더 돋보인다.

말의 재치는 3단계로 나온다.


1단계 - 눈으로 관찰하여 말한다. 말 그대로 눈에 보이는 대로 말하는 것이다.


2단계 - 상황과 환경에 어울리는 질문하기이다.

3단계 - 눈으로 관찰하고 상황과 장소에 맞게 생각하고 바로
　　　 말하기다.


　일상에서 사람들과 말할 때 관찰하고, 질문하고, 바로 말하기로 말의 재치를 키워보자.

　사람들과 만날 때 먼저 "안녕하세요?"라고 인사하자. 그때 상대방의 헤어스타일이 눈에 들어온다면 "머리하셨어요? 펌이 잘 어울리시네요."라고 해 보자.

　이렇게 질문하고 칭찬까지 입혀 말해 보자. 상대방이 점심을 먹기 전이고 당신도 함께 먹을 생각이 있다면 바로 "점심 같이 하실래요?"라고 질문하자.

　재치 있는 말은 한참 생각하고 나오는 말이 아니라 생각하자마자 입에서 빠르게 나오는 말이다.


　발표, 회의 등 많은 사람을 대상으로 말하는 공적 스피치에서는 잘 말하기 위해서 미리 말할 내용을 생각한다. 체계적인 준비를 위해 원고를 작성하고 기억을 통해 말하는 과정을 거친다.

　하지만, 사적 스피치인 일상대화에서 미리 원고를 쓰고 암기하여 말하는 사람은 없다. 그야말로 대본 없이 말하는

주인공의 '에드리브'처럼 찰나의 순간에 나오는 말을 하게 된다.

　일상 대화에서 거창한 말로 그럴싸하게 말하려고 하면 말하는 사람도 듣는 사람도 어색하고 불편하다. 멋지게 말하지 않아도 된다. 다만 머뭇거리지 말고 말하라. 상대방이 말하기 전 먼저 말을 건네고 재빠르게 말을 끌고 가는 습관을 지녀라. 질문을 받는다면 멈추지 말고 바로 답하라. 당신이 말할 기회를 놓치지 마라. 상황에 맞게 순발력을 발휘해 보자. 일상에서 말을 리드하고 빠르게 말을 받아넘기는 횟수가 많아질수록 말의 재치도 생긴다.

| 말의 재치를 높이는 방법 |
| --- |
| 1) 관찰하기 |
| 2) 질문하기 |
| 3) 바로 말하기 |

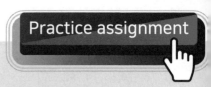

▶ 아래의 상황을 읽고 빠르게 생각하고 재치있는 말로 대처해 보세요.

### 상황 a. 어제 만난 그녀를 다시 만났다.

예) "어제 원피스도 잘 어울렸는데 오늘 정장도 근사하네요."

### 상황 b. 오늘 처음 이 사람을 만났다.

예) "오늘 이렇게 멋진 분과 함께하게 되어 영광입니다."

### 상황 c. 모임에서 자기소개를 하는 경우라면

예) 건강한 사람들은 10초 동안 박수를 30번 이상 칠 수 있다고 합니다. 여러분도 손뼉 한번 쳐 보시겠어요? 제가 10초를 재겠습니다. 준비 시작(사람들이 손뼉을 친 후) 이렇게 저를 환영해 주셔서 감사합니다.

## 7-04
## 원만한 관계를 위한 표현법

어느 날 버스를 탔다. 버스의 계단에 오르자 버스 기사님이 나를 쳐다보며 말했다.

"어서 오세요. 안녕하세요?"

갑작스러운 인사에 조금 당황했지만, 기분이 좋았다. 자리에 앉아 버스 기사님을 지켜보았다. 그는 손님을 쳐다보며 인사를 하고 내릴 때도 인사를 하고 있었다.

잠시 후 도착할 정류장에 다다랐을 때 하차 벨을 누르고, 기사님의 인사를 내심 기다리며 서 있었다. 버스가 멈춰 정류장에 도착했을 때 버스 기사님이 말했다.

"안녕히 가세요."

나는 재빨리 말했다.

"네, 감사합니다. 좋은 날 되세요."

기분 좋게 버스에서 내렸다. 아무리 험한 세상이라 하더라도 아직 세상은 살만하고 희망이 있는 이유는 이런 기사님 덕분이다.

말은 서로 주고받는 것이다. 미국 컬럼비아대학에서는 '성공한 사람들의 성공 비결'에 관해 설문조사를 했다고 한다.

"당신과 당신의 회사가 성공한 원인 중 가장 중요한 비결은 무엇인가?"

이런 질문에 15% 미만은 뛰어난 기술력이나 업무능력을 성공 비결로 꼽았다. 반면 85% 이상은 원만한 인간관계와 공감 능력을 꼽았다고 한다.

잡코리아 조사에서는 퇴사 경험이 있는 직장인 2,288명을 대상으로 설문 조사한 결과 52.1%가 정확한 퇴사 사유를 밝히지 않았다고 한다. 차마 밝힐 수 없었던 퇴사 사유는 상사와 동료와의 갈등 때문이었고 인간관계의 문제 때문에 이직을 결심하였다고 한다.

말로 평가받는 시대지만 결국 말만 잘하는 사람보다 원만한 대인 관계 능력을 갖춘 사람이 어디를 가든 환영받고 인정받는다.

대인 관계 능력은 직장에서 협조적인 관계를 유지하여 갈

등을 해결하고 다른 사람의 요구를 충족시킬 수 있는 능력을 말한다.

원만한 대인 관계는 서로에게 예의를 지키며 정확한 언어로 말할 때 이루어진다. 직장생활을 하는 사원일 경우 아침에 출근할 때 가벼운 묵례로만 인사하는 것이 아니라, 동료의 눈을 보면서 끝말을 흐리지 않고 정확하게 말해야 한다.

"안녕하십니까? 좋은 아침입니다."

지각했을 경우는 머리를 긁적이며 자신의 자리에 슬그머니 앉는 것이 아니라 미안한 마음을 담아 말해야 한다.

"늦어서 죄송합니다. 오늘 커피는 제가 쏩니다."

먼저 퇴근하는 경우라면 가방만 들고 훅 나오는 것이 아니라 정중하게 말해야 한다.

"먼저 퇴근하겠습니다. 내일 뵙겠습니다."

혹, 업무로 퇴근을 못 하고 있는데 다른 동료들이 먼저 퇴근하는 경우라면 자신의 말이 들리도록 큰 소리로 말해야 한다.

"먼저 들어가세요. 좋은 저녁 되세요."

동료들보다 먼저 귀가하는 경우라면 "얼른 마무리하고 퇴근해요, 수고…."

동료와 서로 주고받는 말은 그날의 쌓인 피로도 말끔히 사라지게 한다. 말이 서로 통할 때 사람들의 기분도 좋다. 예로 들었던 말들이 일상에서 자연스럽게 나오고 당연한 말들이지만, 불편한 관계에서는 선뜻 이런 말들이 입에서 나오지 않는다.

상사는 신입직원에게 무뚝뚝한 표정과 제스처로 지시를 내리거나, 말을 짧게 하여 명령조의 말을 하기 쉽고 동료와도 좋은 말들이 나오지 않는다. 친한 사이의 동료들과 식사나 회식을 할 때 아무 생각 없이 평소 자신과 다르게 느껴지는 동료를 볼 때면 이렇게 말한다.

"김 대리, 참 특이해. 그렇지?"

이 말을 듣는 누군가가 고개를 끄덕이는 순간 졸지에 김 대리는 특이한 사람이 되고 만다. '특이하다'라는 뜻은 보통 상태에 비하여 두드러지게 다르다는 뜻이 있다. 결국 자신과 그 사람이 다르다고 표현한 말이다.

김 대리를 칭찬하는 말이었으면 다행이지만, 좋지 않은 뜻으로 한 말은 바꾸어 말해야 한다.

"타인에게 관심을 두지 않은 사람이 인생에서 가장 큰 고난을 겪으며, 타인에게도 가장 큰 상처와 위험을 준다."

심리학자 알프레드 아들러Alfred Adler의 말이다. 상대에 대한 말이 서로에게 거리를 두게 한다면 말의 표현을 바꿔야 한다. 말은 생각을 바꾸고 단어를 다르게 사용할 때 달라진다.

**"김 대리 참 특별해."**

이렇게 바뀐 말은 김 대리를 특이한 사람에서 특별한 사람으로 가치 있게 만들어 준다. 긍정적으로 생각하고 말을 바꿔 말해서 손해 보는 일은 없다. 사소한 말 한마디가 나와 다른 사람들을 좋은 평가를 받게 하고 때로는 혹평을 받게도 한다.

　당신은 늘 주변 사람의 단점을 장점으로 바꾸어 좋게 평해주는 사람이 돼라. 그 말은 당신을 괜찮은 사람으로 만들어 주고 악연도 좋은 인연으로 바꾸어 놓는다.

### < 원만한 대인 관계를 만드는 표현법 >

| 바꿔 말하기의 3단계 |
| --- |
| 1) 생각 바꾸기 |
| 2) 말 바꾸기 |
| 3) 한 번 더 생각하고 바꾸어 말하기 |

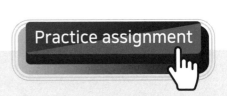

▶ 원만한 대인 관계를 위해 생각과 말을 바꿔 말해 보세요.

**1) 열등감을 부추기는 말 → 자신감을 주는 말로 바꿔 말하기**

a. "그건 지난 회의 때도 그렇게 말하지 않았나요?"

b. "그 아이디어는 별로네요."

**2) 지시하고 명령하는 말 → 제안의 말로 바꿔 말하기**

a. "이거 오늘까지야."

b. "오늘 중으로 안 하면 좀 어렵겠는데."

**3) 상대를 비꼬는 말 → 존중하는 말로 바꿔 말하기**

a. "뭐 그럴 줄 알았어요."

b. "김 대리는 안 그런데 이 대리는 왜 그런가?"

## 7-05
## 인정받는 리더의 말 기술

아이돌 가수 차은우가 팬들에게 '심쿵' 멘트를 해서 화제가 되었던 적이 있다.

네이버 브이 앱을 통해 팬들과 소통하고 있던 차은우에게 채팅창을 통해 한 팬이 이렇게 말했다.

"오늘 꿈에 오빠가 나왔어요."

차은우는 웃으며 말했다.

"우리 뭐 했어?"

그것을 보고 있던 사람들은 오글거림보다 입꼬리가 위로 올라갔다며 설렘을 말하였다. 가수 차은우의 넘치는 매력도 있지만 '우리'라는 단어는 사람의 마음을 사로잡는다.

미국 캘리포니아대학교는 커플의 행복을 유지하는 데 있어 '우리'라는 단어의 힘을 증명하는 연구를 하였다. 실험 결과 사람들은 우리라는 말을 많이 사용할수록 커플이 자기 중심인 자세에서 관계 지향적으로 변했다고 한다. 이 우리라는 단어는 서로를 한곳으로 모으는 강한 공동체 의식에서 나오는 말로 우리나라에서 흔히 쓰는 말이다.

**우리나라, 우리 엄마, 우리 가족, 우리 사장님, 우리 대리님.**

우리라는 단어는 친밀함을 느끼게 하고 긍정적 상호의존 관계의 신호로 작용한다. 또 사람들의 공감을 이끌기에 용이하다.

미국 전 대통령 오바마가 연설 중에 자주 사용한 단어 역시 우리we, our다. 오바마는 이야기를 듣는 국민에게 우리라는 단어를 자주 넣어 말함으로써 대통령 개인 생각이 아닌 국민 모두의 이야기로 전환시키며 소통하였다.

시카고 매토믹 플레이스에서 열렸던 고별연설에서도 그러했다.

"우리는 우리의 시간에, 우리의 손으로 차이를 만들어 낼 수 있다는 믿음을 재확인했습니다."

오바마는 지난 대통령 시절을 국민의 공으로 돌리며 희망을 품게 하였다. 연설의 마지막은 이렇게 마무리하였다.

"우리는 할 수 있습니다Yes we can. 우리는 해냈습니다Yes we did. 우리는 할 수 있습니다Yes we can. 고맙습니다Thank you."

말은 듣는 사람의 마음을 움직일 때 그 영향력이 커진다. 특히 어떤 일의 공로를 자신의 자랑으로 말하지 않고 그렇게 됨 역시 우리의 힘이었다고 말할 수 있는 사람이라면, 어디에서든 말로 영향력을 발휘할 수 있는 인정받는 리더가 된다.

당신의 말에 '우리'라는 단어를 사용하여 공동의 관심사를 끌어당기고 사람들이 집중할 수 있도록 말해보자.

직장 내 점심시간에 '밥 먹으러 갑시다.'라는 표현보다 우리를 넣어 말하면 사람들의 마음을 움직여보자.

"우리 뭐 먹으러 갈까요?"
"우리 부장님은 어떻게 생각하세요?"
"우리 대리님 회의부터 합시다."

인정받는 리더는 인생의 목표를 자신만을 위해 설정하지 않는다. 공동의 이익과 함께 가치를 실현하려고 한다.

말을 바꾸면 인정받는 리더가 된다.

어떤 일을 결정하거나 협력을 요구해야 할 때 혼자만의

성공 인생이 아닌 나눔과 관계의 확장을 생각하고 말하자. 함께하는 동료도 그런 사람의 말에 협력적인 자세를 취하고 대화는 쉬워진다.

'우리'라는 단어 선택으로 사람들과 밀접한 관계를 만들라.

당신이 어떤 단어를 선택하고 표현하느냐에 따라 당신의 말은 리더의 말이 되고, 당신의 인생 역시 역전된다.

### < 공동체를 끌어당기는 리더의 말하기 >

| 의견을 묻거나 질문을 할 때 |
| --- |
| (우리+질문 넣어 말하기)<br>"우리 요 앞 카페로 갈까요?" |
| **타 부서와 프로젝트를 할 때** |
| (우리+진행 상황에 대해)<br>"우리 부서는 이렇게 구상했습니다." |
| **회의를 진행할 때** |
| (우리+자기 생각)<br>"우리가 지난 회의 때 얻은 결론은…." |
| **회의를 마무리하며** |
| (우리+회의 결론, 향후 방향)<br>"우리 생각들이 이러한 것 같으니 우리가 나눈 안건대로 행사 진행이 이루어질 거 같습니다." |

▶ 인정받는 리더의 말하기
: 대인 관계를 할 때 '우리'라는 단어를 넣어 말해 보세요.

1) '우리' 단어로 따뜻하게 표현해 보세요.

2) '우리' 단어로 희망을 표현해 보세요.

3) '우리' 단어로 꿈과 비전을 표현해 보세요.

예) "저의 꿈은 이러한데 이것은 우리 모두의 꿈이기도 합니다."

## 7-06
# 말하는 대로 되는 3가지 전략

추운 겨울 이직을 준비하는 면접생의 말을 지도했다. 질문을 할 때마다 그녀는 생각이 안 나는지 고개를 가로저으며 말했다.

"아, 선생님 생각이 안 나요, 잠깐만요."

그때 나는 면접생에게 이렇게 말했다.

"합격하셔야죠. 이번 면접만 합격하시면 원하는 꿈을 이룰 수 있어요."

면접생은 다시 천천히 말하면서 합격이란 목표와 교육공무원이란 꿈을 품고 열심히 도전하였다. 그 결과 당당히 합격하였다.

말은 당신의 인생을 만든다. 그렇게 말하기를 두려워하고 힘들어하던 면접생이 꿈을 품고 목표를 향해 준비한 결과 인생이 달라진 것처럼 말은 인생을 만든다.

말하는 대로 인생이 달라지려면 세 가지가 필요하다.

**첫째, 목표를 가지고 말해야 한다.**

≪거북이는 느려도 행복하다≫라는 책에서 느림보 거북이가 빠른 토끼를 이길 수 있었던 이유는 목표가 달랐기 때문이라고 한다. 거북이는 결승점을 향해서 완주하는 것이 목표였고, 토끼는 거북이를 이기는 것이었다. 거북이는 결승점이라는 목표를 의식하고 있었기 때문에 경주에서 이길 수 있었다.

인생의 목적지를 알지 못하고 태평양 한가운데서 노만 저어서는 안 된다. 자신의 방향을 정하고 그곳을 향해 노를 저어야 한다. 말에 자신이 없다면 말 잘하는 것에 목표를 두고 대화가 어렵다면 관계를 잘하는 말을 목표로 삼고 연습해야 한다.

**둘째, 꿈을 품고 말해야 한다.**

"꿈을 계속 간직하고 있으면 반드시 실현할 때가 온다."

괴테의 말이다.

인생의 목표를 가지면 꿈이 생기고 그 꿈을 말하면 말에 힘이 생긴다. 꿈에 부푼다는 말처럼 꿈 때문에 좋은 기운이 생긴다. 꿈을 품고 말하는 사람은 마음이 설레고, 무엇이든 도전하고 싶은 마음이 생긴다. 꿈을 품고 말하기 때문에 자신에 대한 믿음 역시 쉽게 흔들리지 않는다. 그렇게 묵묵히 꿈을 따라가면 인생이 달라지고 삶의 당당한 리더가 된다.

**셋째, 삶의 롤 모델처럼 말해야 한다.**

심리학자 앨버트 밴두러는 "인간은 모방을 통해 학습하는 동물이다."라고 말했다. 삶의 롤 모델을 정한 후 그 사람을 닮아가려고 하면 마음에 드는 한 부분이 보인다. 그 부분을 찾아 닮아가려고 노력하라. 단, 그 사람처럼 똑같은 삶을 살고자 하지 말고 당신만의 길을 만들면서 쫓아가라.

누구에게나 똑같은 하루가 주어진다. 그 시간을 꿈의 공간으로 만들고 완성하는 사람은 인생이 다르다. 인생은 오로지 '나'라는 사람이 만든다. 자신을 믿고 목표와 꿈을 품으며 말하라.

인생은 자신이 지금까지 살아온 말과 앞으로 해야 할 말 그리고 끝까지 다 못한 말들로 이루어진다. 그러니 말을 두려워하지 말고 맘껏 말하라. 타인의 평가에 좌지우지되지 말고 자신을 위해 말하고 실력을 키워라.

인생은 긴 호흡이 필요하다. 지금 당장 되지 않는다고 해서 영원히 이루어지지 않는 게 아니다. 말로 당신을 이끌어 가라. 꽃을 보고 "예쁘다, 아름답다."라고 말하듯 일상의 모든 곳에서 좋은 말을 선택해서 말하면 인생은 좋은 방향으로 흘러간다.

자신 있게 말하라. 말로 꿈꿔라. 당신이 원하는 모든 것이 이루어진다. 말하는 대로.

| 말하는 대로 되는 인생의 질문 |
| --- |
| 1) 당신의 목표는 무엇인가? |
| 2) 당신은 어떤 꿈을 꾸고 있는가? |
| 3) 당신의 삶의 롤 모델은 누구인가? |
| 4) 당신의 목표와 꿈은 다른 이에게 어떤 도움을 주는가? |

▶ 말하는 대로 된 나의 모습을 상상하며 적어보세요.

**1) 삶의 목표를 적어보세요.**

  a. 5년 후
  b. 10년 후
  c. 15년 후
  d. 20년 후

**2) 삶의 꿈을 적어보세요.**

**3) 자신의 목표와 꿈을 어떻게 사용하고 싶은지 적어보세요.**
(나와 다른 사람에게 미칠 영향을 생각해 보고 그 가치를 쓰세요.)

## 말하는 대로 이루어진다

내가 다섯 살 때 일이다. 엄마는 세숫대야 앞에서 나의 목에 수건을 두른 후 "흥"하라고 말했다. 코를 풀라는 말이었지만, 효과가 없자 엄마는 "더 크게 흥"이라고 말하였다. 그때 어린 나는 있는 힘껏 목에 힘을 주어 "흥~"이라고 말만 하여 엄마는 한참을 웃었다고 한다.

'말귀를 못 알아들었을까? 말을 잘못 전달했을까?' 사랑하는 관계에서도 이처럼 말은 통하지 않고 어렵다.

말로 평가받고 인정받는 시대다. 만만치 않은 세상에서 자신의 말을 잘 다듬고 어떻게 표현하느냐에 따라 관계는 물론 인생이 달라진다.

말은 당신이 살고자 하는 대로 만들어 준다. 당신이 원하는 삶을 생각하고 말하면 그 인생이 펼쳐진다. 자신을 잘 이해하고 자신에게 가장 좋은 말로 자신을 가꿔 나가라. 더 이상 다른 사람들의 말에 끌려다니지 말고 말의 당당한 주인으로 살아보자.

고대 그리스 철학자 아리스토텔레스는 행복을 '에우다이모니아Eudaimonia'라고 했다. 에우다이모니아는 인간이 무엇을 가졌을 때 행복해지는 것이 아니라 자아실현을 위해 내가 무언가를 행하는 것 자체가 행복이라는 뜻이라고 한다.

당신의 행복은 무엇인가?

자신이 원하는 것을 이루면서 행복해지려면 어떻게 해야 할까?

사람들은 다른 사람을 의식하느라 정작 자신의 행복을 놓칠 때가 많다. 타인에게는 따뜻한 말로 대해주면서 자신에게는 싸늘한 말로 대한다.

가끔 무언가를 잊고 놓친 경우, '나 바보 아냐? 이것도 몰랐어?'라고 말로 자신을 학대한다. 뜻대로 일이 잘 안 풀릴 때 '왜 나는 잘 안 되는 거야?'라고 자신에게 질문하고 이렇게 대답한다. '내가 하는 일들이 다 그렇지 뭐.'

결국 자신의 말로 자신을 무능력한 사람, 한심한 인생의 주인공으로 만들고 만다.

말하는 대로 인생이 된다. 당신의 인생이 달라지기를 원한다면 당신의 말부터 바꿔라. 혼자 있을 때, 용기가 생기지 않을 때도 어떤 장소, 누구를 만나더라도 자신 있게 말하라.

"내가 보고 있는 것이 나를 만든다."라는 말이 있다. 거울 속 비춰진 자신을 보고 "예쁘다 멋지다."라고 말할 때 당신은 달라진다.

당당하게 말하고 당신만의 길을 걸어가라. 세상에 하나뿐인 당신을 사랑하라. 두 팔로 자주 안아주고 오늘도 애쓴 당신에게 말하라.


"감사해"

"사랑해"

"행복해"


이 말은 과거를 돌아보고 오늘을 토닥여 내일을 준비하게 한다. 말을 입으로 내뱉는 순간 당신의 삶은 감사와 사랑이 넘쳐나고 행복이 가득해진다.

당신은 말을 잘하게 될 것이다. 그리고 말하는 대로 잘 풀릴 것이다. 그러나 기억할 것은 말만 잘한다는 소리는 듣지 않도록 해야 한다.

함께 인생을 사는 그 누군가에게도 "감사해, 사랑해, 행복해."라고 말할 때 말만 번지르르하게 잘한다는 소리는 듣지 않는다.

"정말 감사합니다. 사랑합니다. 덕분에 행복합니다."

좋은 말 씨앗을 나누면 세상이 아름답게 물들여져서 행복한 인생이 된다.

같은 인생을 걷는 사람은 없다. 자신이 걸어가는 인생에서 만나는 말들도 다 다르다. 예전의 말은 버리고 새로운 말을 하라.

어떤 말이 당신을 멈추게 하는가?

어떤 말이 당신을 웃게 하는가?

인생의 길 위에 놓여 있는 보석의 말들 위에 당당히 서서 자신 있게 말하라. 말하는 대로 이루어진다.

## 감사의 말

## 당신만의 인생길, 그 향기가 내게도 전해지기를

당신과 긴 시간을 함께했다.

자다가도 당신에게 할 말이 생각나면 벌떡 일어나 글을 쓰다 보니 한 권의 책이 되었다. 이 책을 쓰면서도 하고 싶은 말은 이게 아닌데…라는 마음이 있었기에 말은 참 쉽지 않음을 느낀다.

지금까지 '말을 바꾸면 인생이 달라지는 말하기'를 함께 해준 당신께 감사하다. 이 글은 당신에게 아낌없이 줄 말을 고민하며 쓰게 한 당신이 있었기에 가능했다. 진심으로 감사하고 사랑한다.

당신을 한 권의 책으로 만나면서 나에게 들려주는 당신의 말에 귀 기울였다.

당신이 '어떻게 하면 말 잘할 수 있을까?' '어떻게 하면 잘 살 수 있을까?'를 고민하는 소리를 들으며 당신의 말이 초라한 말이 되지 않도록 글을 써 내려갔다.

나는 당신이 정말 잘되었으면 한다. 당신이 원하는 삶을 살기를 염원한다.

인생을 살아가면서 늘 좋은 날만 있지 않다. 간간이 내리는 비처럼 우는 그런 날도 있다.

이 책이 당신에게 좋은 날이기를 바란다. 행복했던 추억이 있기에 아픈 날들을 잊으며 살아갈 수 있다. 꽃이 지면 다시 피어나듯, 어렵고 힘든 시기를 만날 때마다 이 책에서 당신을 다시 일으킬 말을 꺼내어 말하라.

말은 당신을 성장시키고 특별한 인생의 주인공으로 이끌어 준다.

이제 당신의 말을 활짝 펼쳐라.

웅크리지 말고 큰 소리로 당당하게 잘될 자신의 인생을 외쳐라.

머잖아 말을 바꾸고 인생이 달라진 당신의 말을 직접 들을 날을 기대한다.

말이 삶의 의미가 되기를 바란다. 다른 이들에게도 말의 따뜻함과 힘을 내어주어 많은 이들이 찾아오는 당신만의 인생길을 만들었으면 한다. 그 향기가 내게도 전해져 오길 응원한다.

"당신의 말을 바꾸면 인생이 달라진다."
"말하는 대로 인생이 된다."

이 책이 만들어지기까지 무한히 격려해주시고 에너지를 주신 출판사 창작시대사에 감사의 말을 전한다.

끝으로 나보다 더 많이 "할 수 있다!"를 외쳐준 고마운 지인들, 나의 말에 귀 기울여준 당신과 집중할 수 있도록 도와준 사랑하는 가족 그리고 나의 하나님께 감사드리며, 모두에게 사랑과 축복을 전한다.

손정미

그럼에도 불구하고 감사하자.
안 되는 것들에 대해 연연해하지 말고
잘 풀리지 않아도 감사하면
당신의 생각이 달라지고 삶이 바뀐다.
잘 풀리지 않았던 것들은
당신이 하지 않아도 될 것들이다.

## 말을 바꾸니 인생이 달라졌다

**초판 1쇄 발행** 2022년 4월 20일
**초판 3쇄 발행** 2023년 11월 13일

**지은이** 손정미
**펴낸이** 이태선
**펴낸곳** 창작시대사

**등록번호** 제2-1150호 (1991년 4월 9일)
**주소** 경기도 고양시 일산동구 장백로 20 동문굿모닝힐 102동 905호
**전화** 031-978-5355 **팩스** 031-973-5385
**이메일** changzak@naver.com

**ISBN** 978-89-7447-260-3　03190